全国独家首发

入门篇绝对实用 新股民必备指南

炒股就这几招

入门篇

股票分析资深专家
中国最权威、最旺人气作者
中央电视台特约财经评论员
李幛喆（李几招）著

2014年，李几招在美国考察证券业一年，

最近归来推出新版《炒股就这几招》（入门篇）。

CHAOGU JIUZHEJIZHAO

经济管理出版社
ECONOMY & MANAGEMENT PUBLISHING HOUSE

图书在版编目（CIP）数据

炒股就这几招．入门篇/李幛喆著．—北京：经济管理出版社，2015.4（2015.8 重印）

ISBN 978-7-5096-3605-3

Ⅰ.①炒⋯　Ⅱ.①李⋯　Ⅲ.①股票投资—基本知识　Ⅳ.①F830.91

中国版本图书馆 CIP 数据核字（2015）第 015337 号

组稿编辑：	郝光明　郭丽娟　王　琼
责任编辑：	王　琼
责任印制：	黄章平
责任校对：	赵天宇

出版发行：经济管理出版社
　　　　　（北京市海淀区北蜂窝 8 号中雅大厦 A 座 11 层　100038）

网　　址：www. E-mp. com. cn

电　　话：（010）51915602

印　　刷：保定金石印刷有限公司

经　　销：新华书店

开　　本：720mm×1000mm/16

印　　张：14.5

字　　数：260 千字

版　　次：2015 年 4 月第 1 版　　2015 年 8 月第 2 次印刷

书　　号：ISBN 978-7-5096-3605-3

定　　价：38.00 元

全国荣誉排行榜

　　1996～2014 年，据各大新华书店权威统计：《炒股就这几招》连续 18 年荣获全国财经图书排行榜销量冠军，18 年畅销不衰，堪称财经图书奇迹。

　　1996 年，创造了北京中山公园图书节签名售书 1 天 4000 本的纪录；1997～2000 年，在北京和全国各地新华书店，《炒股就这几招》一直雄踞榜首。

　　由中国书刊发行业协会、中国财经证券类媒体、凤凰财经图书榜、中国新闻出版报、中国图书商报、《出版人》杂志、书业营销创新论坛组委会、图书发行会、图书博览会、全国图书节、各大书市等授予《炒股就这几招》的各种荣誉有：

　　2005 年，荣获最受股民欢迎的普及读物；2006 年，荣获中国股市的新华字典称号；2007 年，荣获中国图书榜中榜经管类最佳图书营销奖，经管类零售排行榜冠军，全行业优秀畅销品种（社科类）；2008 年，荣获"中国股民扫盲读本"称号，股票类图书销量冠军；2009 年，被股民推荐为最受欢迎的股票类图书；2010 年，多次荣登财经图书销售榜第一名；2011 年，荣获金牌牛市图书冠军；2012 年，荣登中国图书财经排行榜冠军；2013 年，获得全国财经图书网络、实体书店销售第一名；2014 年，荣登全国财经图书排行榜、财经图书网络销售榜第一名。

牢记李几招语录　炒股终身受益

李几招炒股十大经典语录

▲ 初入股市一定要先买（卖）100 股反复试验 10 次以上甚至更多；

▲ 炒股没有专家、股神和大师，更没有救世主，炒股全靠你自己；

▲ 炒股要听党的话；

▲ 买卖股票一分钟，研究股票十年功；

▲ 买卖股票是徒弟，敢于止损是师傅，耐心等待是爷爷；

▲ 买卖股票不以价位低高为准，而以趋势为准；看不准上升（下降）趋势，就一只股也不买（卖）；

▲ 灵活掌握 20% 规律；

▲ 牢记"八个千万不要"（见前言）；

▲ 要想炒好股，先学做好人；

▲ 炒股没有不散的筵席，因此要时刻牢记风险，防止贪心，见好就收，落袋为安。

金杯银杯，不如全国股民的口碑
金奖银奖，不如全国股民的褒奖

全国亿万股民对《炒股就这几招》系列书的火热评价

　　《炒股就这几招》系列书出版十多年，收到全国各地许多中小股民的来信或邮件，对本书好评如潮，正可谓：金杯银杯，不如全国股民的口碑；金奖银奖，不如全国股民的褒奖。现选摘部分评价。

大批股民在购买《炒股就这几招》

　　特此向各位新股民推荐李幛喆先生的《炒股就这几招》，我认为本书有三大特点。

1

（1）内容系统全面。从开篇的如何开户到最后的"十大绝招"，涵盖了基础知识、股市术语、技术指标、股市理论、财务指标、识庄跟庄、经典绝招等各个板块。可以说，即使是一个"菜鸟"，认真读完这本书也可以获得"初段"职称。

（2）语言通俗易懂。市面上介绍如何炒股的书数不胜数，为何我独荐此书，最重要的原因就是它语言通俗，读着不累。相信绝大多数股民和我一样专业性并不是很强，如果读一本理论性很强的书，费了很大力气看完也是似懂非懂，不会有明显效果。

（3）作者谦虚低调。股票类书籍我读过很多，作者或多或少都有些吹捧自己的行为，但在《炒股就这几招》，不但几乎找不到夸耀自己的语句，而且作者不止一次强调一些招数的局限性和具体适用情况，其谦虚低调的行事作风让我非常尊敬。秉承谦虚谨慎，客观公正应该是每个从业人员都要遵守的道德底线。

（来源：价值中国网，作者张磊，原文标题《炒股应该学几招》）

李老师：您的书经过实践检验，的确很实用。2010~2014 年，股市没有太大的行情，但是我严格按照您的绝招操作，每年都取得了 20% 以上的收益，周围赔钱的股民都特别崇拜我。实际上我明白，不是我有什么本事，是您的绝招给我的指点啊。

股民：王惠民

李老师：您好！我是新股民，看了您的《炒股就这几招》很受启发，获益匪浅。特别是看了您在光盘中的通俗易懂、深入浅出的讲解，可以说这本书是我所阅读过的有关股票书里最实战的，一点也不夸张。

您的读者：陈以闻

李老师，你好！首先要感谢你，我是一个在深圳的打工者，从 2001 年开始，就是跟随你的书学习炒股的，并从中获益颇深。依照你教的投资准则，我从 2002 年起用仅有的 1 万元存款投资到股市中，在 5 年时间变成了 50 万元，扣除这 5 年的工薪收入 10 万元后，我的收益增长了 40 倍啊。

股民：HUDYXY

李教授你好，无意中看到《炒股就这几招》，刚开始随便看了一下，马上觉得很适合我这种新股民，就买回后一口气把光盘看完，顿时感觉自己又上了一个层次。

股民：xkxf

尊敬的李老师您好，拜读了您的大作，它在排行榜上有名，我很喜欢您著书的风格。

股民：chang_ 110

与有肝胆人共识，从无字句处读书。您的"绝招"好棒。

股民：未名

李教授：你好！有幸读到你的力作《炒股就这几招》，使我这初涉股海的股盲对炒股常识多少有些了解。之前由于一无所知招致了不少冷眼，你的书是所有股票书籍中写得最好的一本。

股民：何群英

李教授：您好！很喜欢您博客中的文章和书，受益匪浅，非常感谢！

股民：董红星

李老师：拜读了您的大作《炒股就这几招》，受益颇深。2007年5月，我受朋友的影响，成为了一个新股民。初入股市，一筹莫展。怎样选股，如何买卖股票，一概不懂。为了迅速进入角色，我来到书店介绍股票知识的书架前面，左翻右看，总觉得不尽如人意。当看到您所著的《炒股就这几招》一书时，好像有一种莫名其妙的亲切感。这本书深入浅出，从开户、转账到买卖股票以及选股的一些方法都介绍得淋漓尽致，而且通俗易懂。现在，我已经熟练地掌握了买卖股票的基本操作。

股民：钟火金

李教授：2007年红火的股市把我妻子"拽"了进去，在事先没有打招呼的前提下，她自己一人办完了入市手续。我很吃惊，妻子都入市了，自己居然

不晓得。股票我是很早就听闻的，但我不懂。于是，我决定拿出一段时间学习学习、研究研究。我径直来到新华书店，翻阅炒股书海，相中了您的著作，粗略拜读，感觉很好，就买了回来。还买了光盘，妻子还表扬了我。看光盘比看书好，光盘我刚看完第一遍，感觉您为人厚道，有一颗善良的心，学识渊博，睿智机敏。以后我会仔细拜读您的大作，争取做一名"好学生"，成为既长知识，又长才干，给家庭带来阳光的男子汉……

股民：王武奇

李教授你好，我是一名监狱警察，我认为《炒股就这几招》写得很好，要是早买这书，我可能早入门了。我希望您能再写一些实用性强的、指导具体操作的书。

股民：井民月

李教授您好，我从2007年5月1日入的市到现在已盈利××万元，我的入市资金是××万元。经历了"5·30"行情之后，立志不读股票书，再不碰股票，但是我去了北京西单图书大厦，还是买了您的《炒股就这几招》一书，仔细研读之后，受益匪浅。

股民：张川

李老师：你好！我是一位新股民，原来对股票市场一点也不了解，自从看了你撰写的《炒股就这几招》后受益匪浅。书的内容通俗易懂、简单明了，而且入市小试身手也小有斩获，在此由衷向你表示感谢。

股民：亚玲

尊敬的李老师：您好！我准备介入股市，但我啥都不懂，就去新华书店查找股市入门的书籍。找了一上午，关于股市的书籍让人眼花缭乱，太多了，最后看见了您所著的《炒股就这几招》，简单一看，呵，真让人高兴。我想知道的炒股入门知识，书上都有，还配有光盘，回家就迫不及待看光盘看书，书质好，图像清晰，虽然有好多还看不懂，但心情激动啊。

股民：小徐

你好李教授，我是你的忠实读者!!! 我一连买了 3 年的《炒股就这几招》，读后，感觉受益匪浅。从入市连续亏损，直到看过你的几招后，就一直盈利绵绵!!!

股民：赵威

李老师：你好! 我今天在书店很荣幸地看到你的新书《炒股就这几招》，因我一直不懂炒股，又加上身边很多人炒股失败，更引发我对炒股不感兴趣，但看了你那本书后突然对炒票有了新的认识，所以就购买了你的书，希望从中学到更多有关炒股的知识，让自己今后也通过炒股增加些收入。

广东肇庆市股民：林火英

众多股民问：《炒股就这几招》内容每年更新，更接近现在的炒股环境，确实很超值，实用价值更强。每年什么时候会出版新的《炒股就这几招》? 通过什么渠道可以买到?

出版社经问李几招后回答：谢谢关注，每年 2 月左右根据股市情况与市（时）俱进，更新该书内容并出版，在各地新华书店及当当、卓越亚马逊和京东等网站均有售。

出版说明

一、严正声明

《炒股就这几招》由李幛喆（李几招）撰写，全国仅本出版社出版。目前发现有不道德的出版社，假冒本书《炒股就这几招》书名和李幛喆（李几招）本人的名字，或者采用鱼目混珠的书名，大量盗用本书的内容，对此卑鄙的行为，本出版社将按照《著作权》的有关办法，坚决追究，严惩不贷。

在此特别声明：任何人、任何媒体（包括网站）或者本社认为的各种传播媒介，都不准以任何形式转载、摘登、引用本书的任何信息，否则视为侵权，严厉追究。本书严禁盗版，违者必究。举报电话：010-63320530。

二、炒股入门写作的原因

1996~2014 年，我出版了《炒股就这几招》系列书后，读者的追捧使此系列书连续十多年位于中国图书排行榜前列，这完全是朋友们支持的结果，借此机会，衷心表示感谢。

我这十几年先后收到了全国股民几万封来信（含电子邮件），许多朋友，特别是新入市和正准备入市的朋友，建议我为他们写一本适应入门的指导书。因此，此书主要针对新股民而写，但对老股民也非常适用。

三、炒股入门写作的基本设想

本书全部采用真实例子来证明一个概念、一个技术指标的应用方法。特别指出的是，在运用时万不可机械照搬，所举的例子只是提供了一种解题的方法及思路，是否"高考"成功，要看现场发挥能力，提醒股民运用指标一定要灵活。

对新股民而言，这本入门炒股书非常重要，您一定要仔细读完。由于篇幅、字数限制及考虑到新股民的学习和领悟能力，此炒股入门书未讲解部分精彩招法和内容，股民欲了解更全面、更高级的招法，可参考《炒股就这几招》（超值升级版），书中有详细介绍，并且还免费配送一张讲解光盘，具体垂询经济管理出版社读者服务部电话：010-68022974。

四、特别声明

（1）股市变幻莫测，其规定、政策、概念等也经常发生变化，本人和出版社不另行通知，但是本书将会在第二年再版发行时，修改、充实相关内容。

李几招在中央电视台分析股市

（2）我从不在社会上集资炒股，不开李几招工作室，对盗用我的名字在网上写文章，用我的名字、相片和某出版社的名义非法出版什么"这招、那招……"之类炒股书，甚至以我的名义集资炒股、开李几招工作室等，一律为非法行为。如果股民欲加入我的股票 QQ 群，必须实名制，具体办法见我博客说明。

（3）股市变幻莫测，炒股有极大风险，本书仅介绍炒股的基本概念和技巧，它不是股票推荐和股评书，书中有些招法不可能十全十美，而且还会漏招百出。因此，您炒股的盈亏与本人、本书以及出版社无任何关系。

（4）我是作者，您是读者，更重要的是咱们都是股市上的朋友，因此，建立一个长期沟通的渠道十分重要。请直接用《炒股就这几招》的邮箱——cgjzjz@163.com 联系，或登录我的博客和微博联系（直接搜索李几招、李幛喆即可）。

国务院经济体制改革办公室
中央电视台《中国证券》特约财经评论员
中央财经大学证券史研究员

李几招

2015 年 2 月

1、2、3预备……开始炒股

◎ 炒股还是不炒股

炒股，还是一辈子不炒股，这是现代经济社会中摆在每一个公民面前的"大是大非"问题，常有人说"我这辈子不玩股"，但是每年加入炒股大军的人数，还是在加速递增，可见人们的意识是随着经济发展进程而逐渐产生、强化，最后转为具体行动的。

试想，在10年、20年前，有几个人认识到电脑、私车、智能手机在个人生活中的重要性？而如今，你不会用电脑，不会开车，没有手机，你就与世隔绝，成了现代文盲，被时代淘汰。可以肯定，今后股民人数还会增加，到那时，老朋友在一起时，除了叙旧外，共同话题也许就是谈炒股的经验、体会和招法了。如果你不炒股，朋友们除了与你谈谈往事外，也就再无话可说，也不可能老是旧话重提。而炒股朋友之间，则新话题层出不穷，不赶紧说还没份了。1988年，我认识一位现在已离休的老领导，当初反对发股票，现在他也与时俱进，加入了炒股大军（具体输赢不详）。因此，还在股市门外甚至不屑一顾股市的朋友们，斟酌一下风险后，开始炒股吧。

◎ 我对股份制、股票发生了兴趣

1984年起，我对股份制、股票发生了兴趣，更准确地说是对股份制、股票的知识一概不知，但又想深入地了解它们。因此，我利用一切机会，多方获取信息，几乎赔进了所有业余时间并"侵占"了部分工作时间，去学习有关股票知识。

起初主要是在理论方面下的功夫比较多，因为1989年以前中国没有股票市场，而且在中国能不能发展股份制上，争议很大。有一些人把股份制、股票市场与资本主义私有制画等号，极力反对试行股份制，还有许多人不理解股份制。

本人及其他同人当然是全力赞同试行发展股份制、股票市场，并坚持认为在中国发展股份制是一条可行、有效之路（见本人1993年著的《股份制宣言》）。

如今，反对股份制、股市的人已悄然无息了，不理解股份制的人也理解了，原来反对的人现在还坚决支持发展股份制和股票市场（可能是认识到了股市圈钱的好处），股市发展的历史脚步谁也阻挡不了。从中国共产党的"十三大"到"十八大"可以看出：管理层正式肯定了股份制、股票市场，股份经济独特的功能已被绝大多数人认同，"实践是检验真理的唯一标准"是千真万确的。

◎ 我的股市分析：对错和预言

1990年12月，中国的深圳、上海先后成立了证券交易所，我学习的方向由此转向股市分析，因为理论必须与实际相结合。这些年，我结合宏观背景和中国股市的具体实践，试笔写了许多"豆腐块"股评文章，属"快餐文化"，理论价值不高。同时，还试笔写了十几本书，其中《炒股就这几招》系列书最为畅销而且长销。除此之外，1993年写过《股份制宣言》；从2000年起，开始对中国股史进行总结，每年撰写一本反映中国股市进程的《中国股市发展报告》；2010年出版了《中国股市风云档案30年》。

此外，我还在电视台、报纸、电台等媒体分析、主持证券节目，以试图为股民观众找到宏观面与股市面有机结合的感觉。近几年说对的主要有：提出2000年股市涨一年，2001年股市涨半年；坚定看好2006年、2007年和2009年牛市；坚定看空2007年10月至2008年10月的行情；正确预测了2010年、2012年、2013年、2014年的波段行情。

使我感到内疚的是，也发生过失误：1998年初和1999年初，我认为，沪指应该在年初跌破1000点；2001年5月，我认为，B股6月第二阶段开放后的两天内应该有两次涨停；2009年认为沪指可能上升到5000点。事实证明我错了，请朋友们原谅我的失误，我今后将努力学习，提高自己判断盘体大势的水平。

2000年底，我撰写了《终于成功——中国股市发展报告（1980～2000）》这本股史书。书中对2001～2010年的股市做了一些预言：上证指数将突破3000点、5000点……全球将以沪深股票指数为风向标之一；中国股票将出现200元、300元价格的股票；中国股民中会有一位长期持股不动的人成为千万富翁。

以上预言全部兑现。有些预言还显得保守了。比如，"中国股民中会有一位长期持股不动的人成为千万富翁"的预言，2007年已经有89个人持股不动成为亿万富翁了。

◎ 感谢最可爱的人

1998年我曾在报刊上发表了随想《谁是最可爱的人》，文中谈道：每一个时代都有最可爱的人，如20世纪50年代，抗美援朝志愿军最可爱。当代谁是最可爱的人呢？

我认为是咱全国股民！

你看：股民为国家、国有企业贡献的真金白银每年都接近5万亿元，咱股民，最可爱！

你看：股民最关心国家大事、国际大事，准时看报、看电视新闻，特关心国家大事的是咱股民，最可爱！

你看：股民业务学习最自觉、最积极；财务报表、宏观知识、K线图、利率等，以前你逼他学都不成。特爱学习的是咱股民，最可爱！

你看：有些人过去政治上比较激进，现在炒股后，民主人权都不关注了，最希望社会稳定、国家安定。特别带头维护稳定的是咱股民，最可爱！

你看：咱股民每日9点30分准时"上班"，甚至提前10分钟"上班"；15点准时"下班"。风雨无阻，不迟到早退，休息日"加班"是常事。特遵守纪律的是咱股民，最可爱！

你看：咱股民自己掏钱去股市"就业"，不给国家增加负担，特能理解国家的是咱股民，最可爱！

你看：股票一涨，股民高兴，一些餐馆等相关行业也跟咱股民沾光；股票一跌，咱股民也就自言自语道，"唉，又跌了，没事，还会涨"，然后沉默走出营业部。特别能忍受痛苦的是咱股民，最可爱！

你看：咱股民好多还是球迷，尽管股票被套，但还是为中国足球冲出亚洲呐喊，熬夜看世界杯、德甲、意甲、英超等比赛。特盼望中国足球"解套"的是咱股民，最可爱！

股票涨也爱你，跌也爱你，咱股民最可爱！！！

这篇"最可爱"的随想发表后，引起了相当多人的共鸣，许多人写信给我谈他们的想法，有一点非常值得我钦佩：写信的股民，大多数被套牢，但他（她）们丝毫没有表达出对套牢任何的不满，而是检讨自己操作失误，令我深

受感动，对此再次证明：咱股民最可爱！！！

◎ 要学炒股，先学做人

初看，炒股与做人是风马牛不相及之事，其实不然，我一直以为：炒股是人性真正本质的大暴露。人之初，究竟是性本善，还是性本恶，且不去争论，但就人本身而言，存在各种各样的优点和缺点，人的优点，我就不在此处多表扬了，但在股市的炒股活动中，人就暴露了许多缺点：

（1）人具有贪欲的特性。尤其在市场经济环境下，主要表现在：贪得无厌，忘恩负义，不择手段敛财。在炒股中，个别股民将人性的此缺点进一步放大，表现得淋漓尽致。典型的是，自己的账户资金升值已达20%、50%……300%以上，但还是不死心，不平仓，挣了还想再挣更多。我不反对您多挣，全世界的钱您一个人都挣走，这是您的本事，我和全世界的人民都为您祝贺，但是可能吗？您必须要衡量自己是不是挣大钱的料，如果不是，最好还是以一个普通股民的身份正确认识自己，认识股市；特别要认识到各行各业挣钱如此之难的背景下，您没费什么劲，手指头一动，账户资金升值就达20%、50%……300%以上，您应该知足了。但是许多股民最后结果往往是悲惨套牢，其最根本的原因就是太贪。所以，股民一定要克服人性贪婪的缺点，知足者常乐，而贪婪者常悲。

（2）人具有很大的惰性。主要表现在：如果没有生存、竞争压力，人们则陷入贪图享乐、不思进取的享乐生活圈中。我们通常只看到体育运动员站在领奖台，高举奖杯享受成功的辉煌时刻，却无法体会他（她）为此付出的血泪代价。因此，不论哪个行业哪个人，要想夺取"金牌"，背后都须付出"流汗、流泪、流血"的成本。所以，您要炒股，您就必须克服贪图享乐、不思进取的惰性，必须要比常人付出百倍的精力、资源去学习、钻研股市的各种政策、技术、技巧等。功夫不负有心人，一分耕耘，一分收获；种瓜得瓜，种豆得豆。

（3）人具有一定的投机赌博习性。主要表现在：人们很喜欢赌一把，撞大运，摸大彩，尽管中奖的概率极低，但许多人还是乐此不疲，这充分反映了人本身存在投机赌博习性，这也是自然的，否则世界上的赌场、彩票的销售、有奖促销等类似的经营行为也早就消失了。但我们必须适可而止，不能依赖于赌一把、撞大运、摸大彩来提升我们的生活质量。炒股本身存在风险，从某种意义上讲，就带有投机赌博成分。比如，亏损股，它的风险最大，但是一旦扭亏为盈，它的股价也会一步登天，因此炒亏损股就带有很大的投机赌博性质，这也是为什么亏损股的股价有时比业绩好的股票的股价炒得还高的原因之一。但我们绝不能靠投机赌博去买卖股票，最关键的还是要多学习、多实践，甚至要多"流血"，及时总结经验教训，"与市俱进"，再加上您可能遇到的一点点运气，最后才能大功告成。

（4）人具有一定的依赖性。主要表现在：做事缺少主见，希望依赖他人指点迷津，坐享其成。一些股民在炒股中就是这样：买卖股票，主要靠打听消息，靠股评，自己的分析很少。及时与他人沟通交流信息，听股评是需要的，但是买卖股票是挣钱的行为，过分依赖别人不现实，现在无偿为您服务的也不多，骗子更多，各种小道消息五花八门，因此，炒股还是要克服依赖性，以己为主。

（5）人具有一定的涣散习性。主要表现在：行为具有很大的随意性、自我性和分散性，因此，社会管理层必须要制定有关法律、法规、规章等各种制度来加强纪律，规范个人的行为。比如，您在单位上班，就有各种规章制度管束您，就有领导、同事监督您，您就必须遵守纪律和道德规范，不能我行我素。但在股市炒股，环境不同了，最主要的是，您自己是独来独往，此时您的涣散习性就暴露无遗了。由于没有纪律管束您，没有他人监督您，您买卖股票可以为所欲为，自由自在，但此时隐患也应运而生了。主要是您没有给自己制定一个严格的买卖股票的纪律，即使制定了纪律，由于没有"领导、同事"的严格监督，您自己也没有及时自觉执行，结果是功亏一篑，所以您必须克服人的涣散习性，炒股中一定要制定有关纪律，特别是盈利目标和止损边界。最最重要的是：执法必严，自我监督。

（6）人具有喜吹不喜批的陋习性。主要表现在：遇到开心顺心之事，则眉飞色舞，喜形于色，忘乎所以，逢人显耀；遇到挫折困难，则寝食难安，愁眉不展，逢人唠叨，怨天尤人。人的这个缺点在炒股中表现得也很突出。例如，炒股盈利后，就杯盘狼藉猛撮一顿，逢人就吹嘘自己的业绩；而炒股失败后，情绪一落千丈，对自己的亲人和周围的同事发无名火，遇到股友，则无休止的车轱辘话唠唠叨叨，而且从不总结失败的教训，更不做自我批评，而是指责他人，甚至污蔑他人，将失败的原因全部归结于股评、政策、庄家等。我认为，作为一个股民，一定要坚决克服这个喜吹不喜批的陋习性，炒股不管盈亏，最好不要逢人唠叨，要不动声色，城府在胸。要赢得起，输得起。尤其亏损时，更要多从自身查找原因，多做自我批评、自我反思，不能把责任都归结

于他人。

人还有其他缺点，以上列出的几点我认为在炒股中表现较为突出，如果不注意约束克服，则对股民终身炒股非常不利。实际上股民也可以通过炒股，发现自己的人性缺点，然后逐一克服，不断提高自己做人的修养，好人有好报，好人炒股一定可以炒好。如果您炒股业绩不断提高，也说明您的为人水平有了提升；如果您炒股水平徘徊不前，甚至老是亏损，说明您在克服人性缺点方面还有差距。所以我提出了要学炒股，先学做人的道理。

◎ 炒股累了：看看股民电视剧

股民每天炒股，的确很累，尤其是赔钱后，更是身心疲惫，但是身体是炒股的本钱，有一个好身体，才能在炒股战场上转败为胜。对此，股民炒股累了，可以看看咱们股民自己的电视剧《你炒股吗》。

中国股市发展已经多年，股民为国家作出了巨大贡献，但是反映股民生态的影视作品寥寥无几，为此，我自编、自导、自演了首部中国股民电视剧（11集），于 2011 年 1 月 16 日正式上线播出。

此剧的精彩看点是：情节曲折，生动活泼，语言幽默，内涵深刻。尤其出彩的是，剧中人物均由来自全国各地股民扮演，他们不要任何报酬，本着喜欢和反映原始人物的心态出演。他们操着浓厚的方言，一丝不苟参加演出，其演技非常出彩。以至于影视界专家看后都赞扬说，没想到，这帮股民业余演员的演技还真像那么回事，专业演员也演不出这个效果，股民里真是人才济济啊。

本人拍摄反映股民生活的影视剧，在心里打腹稿已经酝酿了 10 年，2009 年正式开始动笔写作剧本，经过无数次修改并公开招聘演员后，2010 年 5~7 月拍摄，之后自己进行后期制作，终于在 2011 年 1 月 16 日上传网络播出。之后，许多电视台的证券频道予以播出，股民口碑相传，争先恐后观看，点击率节节攀升，收视率非常好。该电视剧由北京指南针科技发展股份公司和作者共同投资拍摄，在此特别感谢指南针公司的大力支持。

股民们，如果您炒股累了，可在优酷网、百度视频或者本人博客内搜索《你炒股吗》，进行收看。

许多股民看了该电视剧后，非常希望再继续拍摄第二部、第三部……并且表示愿意参加演出。为此特告知：股民电视剧，我还要继续拍摄下去；如果您有参加演出的意愿，可以与我联系。

◎ 最后的啰唆

此前言啰唆连篇，耽误您时间了，对不起。不过我还要最后啰唆几句：

一是您动手炒股之前，最好将此书看完，以免覆前车之辙。

二是您先"摸着石头过河"，买卖股价 3 元左右的 100 股反复试验几次，找找感觉，然后再实施新的买卖计划。

三是记住"八个千万不要"原则，即：千万不要鼓动他人炒股；千万不要给他人荐股；千万不要向别人借钱炒股；千万不要委托他人炒股；千万不要合作炒股；千万不要替人炒股；千万不要轻信股评、消息炒股；千万不要赢了到处吹嘘，亏了怨天尤人，垂头丧气。

四是炒股是个性化很强的活动，所以您一定要自己做决策，不能人云亦云，更不能相信什么所谓的"股神"、"大师"，那些人都是骗子。

五是您必须清楚地认识到：炒股是一个投资加投机的风险活动，要做好亏损赔钱的心理准备。

本书在写作过程中，得到王跃青、李东岳、王国强、刘锦荣、赵桂荣、白凤英、谢晶晶等人的大力支持，他们帮助我整理了大量资料和图表，特此致谢。

本人抛砖领您进门，引玉修行在您个人了。现在就请您开始炒股，先"开盘"从第一页看起，看看《炒股就这几招》（入门篇），为您奉献了什么高招。

李几招联系方式：《炒股就这几招》邮箱：cgjzjz@163.com。

QQ 群实名制加入，见我博客说明。

特别说明：由于篇幅、字数限制，此炒股入门书未讲解部分精彩招法和内容，股民欲了解更全面、高级的招法，可参考《炒股就这几招》（超值升级版），书中有详细介绍，并且还免费配送一张讲解光盘。具体垂询经济管理出版社读者服务部电话：010-68022974。

目　录

第一大招　基本概念板块 ················· 1

（ABCD　几招明确）

第一节　如何开户（沪深股市和香港股市） ················· 1

[现场开户具体步骤/非现场开户（见证开户和网上开户）/买卖股票沪深股市打通管道/如何炒作沪港通的股票]

第二节　炒股风险和自知之明 ················· 13

（炒股各种各样的风险随时随地存在/十人炒股：真是"一盈二平七亏"吗/自知之明：炒股自身的基因天分很重要/千万不可透支买卖股票）

第三节　炒股基本知识 ················· 16

[A股、B股、H股、一级市场、二级市场/绩优股、蓝筹股、垃圾股/国有股、法人股、公众股、机构投资者/次新股、黑马股、板块股/优先股、大盘股、小盘股/市价总额、为什么大盘股可以影响指数/炒股时间、股票代码、报价单位/即时行情与交易信息/哪些股票实行涨跌幅限制/偏离值、价格振幅、换手率的计算公式/股价异常波动证券交易所公开信息和停牌/发生交易异常情况股民损失证券交易所赔偿吗/上市公司召开股东大会不停牌和其他的停牌/一手、现手、新股民初次买多少股合适/集合竞价（开盘价如何产生）和连续竞价（有效申报）/股票成交原则与买卖股票为何不成交/成交量、成交额、平均每笔成交、总量、量比、量比指标/市价委托、限价委托、撤单为何不成功/买卖股票成交后反悔和发生意外情况怎么办/建仓、补仓、平仓、斩仓、全仓、半仓、满仓/多头、利多、空头、利空、看平、多翻空、空翻多、轧多、轧空、踏空/诱多、诱空、多头排列、空头排列、跳水、骗线/牛市、熊市、鹿市、黑色含义、坐轿子、抬轿子/高开、跳空高开、低开、跳空低开、跳空缺口/套牢、解套、割肉、止损/对敲、筹码、金叉、死叉/买盘、卖盘、委买手数、委卖手数、委比/红盘、绿盘、平盘、回转交易（T+1）/开盘价、最高价、最低价、收盘价/K线、阳线、阴线、

上影线、下影线、实体线/股票指数、股指编制、股票价格指数的点/大盘和个股分时图中的白线、黄线、红绿柱线、黄色柱线/买卖股票要交什么税和交易费用、沪市的零散费用/退市风险警示"﹡ST"、其他风险警示"ST"/暂停上市/恢复上市/终止上市（退市）/创业板退市的特殊规定/风险警示板和退市整理期的区别/上市公司退市怎么办/市值配售申购新股、申购新股冻结的资金利息归谁/新股上市的特别规定：实行临时停牌制度]

第四节 股票、股份公司、证券市场扩展知识 ···················· 45

（股票、股份有限责任公司/上市公司股本/股东和股民/专业股民（机构投资者）和普通股民/中国证监会的职能/什么是证券交易所/如何召开股东大会/中小股民是否需要参加股东大会/股东的表决权：50%才可以通过议案/上市公司召开股东大会是否必须提供网络投票方式/股民如何与中国证监会和沪深证券交易所沟通）

第二大招 技术指标板块 ···················· 51
（实战讲解 几招搞定）

第一节 移动平均线 ···················· 51

（基本概念/基本作用/实战运用）

第二节 K线形态实战应用 ···················· 53

（千姿百态的K线形态/K线实战综合运用）

第三节 常用技术指标 ···················· 72

[中长期趋势：指数平滑异同移动平均线（MACD）应用之招/供求均衡：动向指标（DMI）应用之招/短长分析：均线差指标（DMA）应用之招/三者差异：气势意愿指标（BR、AR）应用之招/多空次战场：压力支撑指标（CR）应用之招/资金气势：成交量指标（VR）应用之招/人气兴衰：人气指标（OBV）应用之招/增减动量：振动指标（ASI）应用之招/比值累计量：量价能人气指标（EMV）应用之招/买卖实力：价量变异指标（WVAD）应用之招/收盘涨跌：强弱指标（RSI）应用之招/超买超卖：威廉指标（WR）应用之招/忍痛割肉：止损指标（SAR）应用之招]

第三大招　股市理论板块 95

（领会精髓　几招应用）

第一节　股市五浪：波浪理论 95

　　（基本原理/误区矫正/应用之招）

第二节　神奇数字：黄金定律 101

　　（神奇数字/黄金定律/应用之招）

第三节　周期因素：迪威周期理论 108

　　（基本概念/应用之招）

第四节　与市俱进：道氏理论 109

　　（基本概念/应用之招）

第五节　人的运气：随机漫步理论 112

　　（基本概念/应用之招）

第六节　否定自己：亚当理论 114

　　（基本概念/应用之招）

第七节　不做好友：好友理论 115

　　（基本概念/应用之招）

第八节　皆醉独醒：相反理论 116

　　（基本概念/应用之招）

第九节　谁比谁更傻：博傻理论 118

　　（基本概念/应用之招）

第十节　买卖时机：亚历山大过滤理论 121

　　（基本概念/应用之招）

第四大招　财务指标板块 ·································· 122

（精确计算　几招洞察）

第一节　主要会计报表的基本概念 ····················· 122

（资产负债表/利润表/现金流量表）

第二节　主要财务指标计算 ··························· 129

（每股收益/每股净资产/每股经营活动产生的现金流量净额）

第三节　主要财务指标分析 ··························· 131

（纵向分析法/横向分析法/交叉分析法）

第五大招　有效识破、战胜庄家板块 ·········· 134

（与庄共舞　几招制胜）

第一节　吸拉派落：庄家运作四部曲 ··················· 135

（第一曲：吸筹/第二曲：拉升/第三曲：派货/第四曲：回落）

第二节　成交量突变：迅速跟庄 ······················ 137

（成交量放大受阻，股价破位，则必须走人，千万不能久留）

第三节　创百元：强悍庄家　风险跟庄 ················· 138

（突破100元，应该果断出货，再跟下去，很危险）

第四节　题材概念：借题发挥　与庄共舞 ··············· 140

（题材挑逗庄家，投资者跟庄，与庄共舞，及早出货）

第五节　寂寞是金：稳坐庄轿 ························ 142

（耐住寂寞，忍受煎熬，才能稳坐庄轿）

第六节　含权股：庄家必炒 ·························· 143

（含权股必含庄家，庄家采取强行突击战术就迅速撤退，一大批跟风盘悲

惨套牢)

第七节　绩优股炒作：庄家金蝉脱壳················145

（股民套牢在"绩优股"身上最惨，庄家利用绩优股炒作，然后金蝉脱壳）

第八节　庄家派货：不抢反弹··················146

（庄家大举派货，一路猛跌是否参与反弹，冷眼旁观为好）

第六大招　李几招经典技巧板块 ···············149
（实战真经　几招奉献）

第一节　综合因素分析之招··················150

（政治因素/政策性因素/经济因素/股市层面因素/利率因素）

第二节　政策面分析之招···················152

（事先预兆/文字讲究/全方位学习）

第三节　李几招经典技巧之招················154

[分析软信息之招（用词讲究，辩证色彩浓）/不听消息炒股之招（传到您耳朵里早已成旧闻）/阅读收听股评之招（事先自评，事后检查，了解背景）/精确计算平均股价之招（加权计算法精确计算购股平均价）/股价持平保本（卖出价）计算之招（股价涨到多少才持平保本呢）/系列迹象缺口技巧分析之招（启动缺口、上升缺口、拉高缺口、派货缺口、杀跌缺口、止跌缺口）/早日解套之招（炒股中盈利是徒弟，解套才是师傅）/炒作中的补仓之招（要区分是强市还是弱市，或者是反转还是反弹）/每年保险炒波段之招（股市每年都有一波行情，赚20%是可行的）/价量点脱节掌握卖点之招（价量点三者的升降，对一辈子炒股非常重要）]

第四节　流行股语理解分析之招···············167

（买是徒弟　卖是师傅/涨时看势　跌时看质/反弹不是底　是底不反弹/横有多长　竖有多高/不怕套牢　就怕踏空/不怕套　怕不套　套不怕　死了都不卖/只看个股　不看大盘/鸡蛋不放在一个篮子里）

第七大招　李几招经典绝招板块 …………………… 172

（经典绝招　招招叫绝）

一招：一年就炒一次 ……………………………………… 172

（中国股市每年大体只有一次比较大的涨幅/炒股盈利的机会也只有一次/
如果说还有第二次上升的机会的话，那基本上也是一波小反弹/第三次机会
几乎不存在）

二招："20"见好就收 …………………………………… 173

（我在各种场合反复强调"挣20%就平仓走人"的观点/但有人认为应挣
够、挣足/但我还是我，坚决强调挣20%就走人的稳健观点/当然要灵活处
理20%）

三招：3年波段循环 ……………………………………… 174

（中国股市基本上是3年左右为一个波段循环周期/波段的升降各完成一个
循环/我们要在3年左右的波段循环周期内炒好波段）

四招：四季歌 ……………………………………………… 175

（从中国股市升降的规律看，股民在炒股中要唱好"春播、夏长、秋收、
冬眠"的四季歌）

五招：50中场5年换届 …………………………………… 176

（凡是遇到2000点、3000点整数关口时，多空双方争夺激烈/5年换届指
高级领导层5年要新老交替更新一次）

第八大招　与中小股民互动问答板块 ………… 178

（读者点题　有问必答　几招点明）

（党政干部、基金人员可以炒股吗/炒股能否从头讲起/炒股需要具备什么条件，最少
需要多少资金/买股票品种不宜多/一卖就涨，一买就跌，很是头痛）

（庄家有一大批吗/庄家是否统一办公/长期在底部缩量的股票有庄吗/庄家控筹多少可
大幅拉升/庄家吸筹、拉升、派货、归位的手法/如何判断庄家是否出局和进局/换手率超过

70%是否为主力控盘/庄家成本可否参考/如何掌握股东人数变化和庄家控盘/股评人是否和庄家勾结/看清庄家关系网)

(选股的经验之招是什么/散户如何选择风险小、收益高的股票/依据什么标准选股/判断股票价格低估值/个股怎样把握波段行情/如何买一只长线股票/新股民如何择股/牛股、反弹不是底、未来股市主旋律/买卖盘手数是否有假/10元以下……24元以上，哪个价位收益高/当股票盘整很久，一旦放量可介入吗/如何判断震仓/如何介入振幅大的股票)

(大盘是谁操纵的/如何判断大盘盘整中的小反弹/如何判断大盘高低点/成交量在顶部放量出货法及如何最终逃顶/根据成交量炒作波段/如何看突然成交上万手这种情况/如何做好波段操作/一月行情预言可信吗/短线操作基本要领有哪些/如何进行中线操作)

(什么是支撑位、阻力位、破位？如何计算？/如何分析、判断压力线、支撑线、轨道线、颈线的形态变化/如何从K线图上分析个股在不同价位上筹码分布的情况/技术指标根本没用吗/靠技术指标能赚钱吗/技术指标应优先考虑哪一种/技术指标参数如何确定/技术指标何时失灵/技术指标全涨时可否买股票/哪几个技术指标最好使/仅看几个指标行吗)

(日线是顶，周线是底，如何操作/为何赚了指数赔了钱/外盘大于内盘的买入时机/计算时间为1秒还是1分钟/委比分析要灵活处理/是否跟踪所有中小盘股/股票在高位谁买：傻大胆的人)

附　件 198

附件1　中国证监会等管理层联系方式 198

附件2　沪深股市收费表 199

附件3　李几招友情交流方式 200

第一大招　基本概念板块

（ABCD　几招明确）

特别说明：首先欢迎读者翻开此书，如果您准备开始炒股，第一大招就是为您——新股民设立的。不可否认，股海茫茫，风险很大，如果您匆匆下股海，则后悔莫及。所以在您炒股之前，一定要了解股票的基本概念。本板块从股票的"ABCD"起步，由浅入深，循序渐进地为您介绍股票的基本知识。

特别提示，本书所有章节，如无特殊说明，股价均指为收盘价。

第一节　如何开户（沪深股市和香港股市）

如果您是已经年满18周岁的中国公民（含境内16周岁以上不满18周岁，以自己的劳动收入为主要生活来源的中国公民），或者是获得中国永久居留资格的外国人，都可以申请开立一码通账户、A股账户、B股账户、股转系统账户、封闭式基金账户、信用证券账户以及中国证券登记结算有限责任公司根据业务需要设立的其他证券账户。

股民应当以本人名义申请开立证券账户，不得冒用他人名义或使用虚假证件开立证券账户。使用以本人名义开立的证券账户，不得违规使用他人证券账户或将本人证券账户违规提供给他人使用。

股民可以开立单边A股账户。股民可以申请注销一码通账户，也可以单独申请注销子账户。

如果您下决心开始炒股，首先可以到现场（也可以非现场，后面介绍）即证券营业部开设您个人的证券账户，此程序一点也不复杂。具体步骤如下：

◎ 现场开户具体步骤

第一步：优化选择

首先找一家您认为交易方便的营业部，如离家近或离单位近的营业部。我建议，找一家交易佣金低廉的营业部，因为佣金费实行浮动，大体在 0.2‰~1‰。不过佣金不同，可能硬件、软件的服务水平也不同，所以您要考虑好两者之间的关系。之后，必须由您本人带上您的身份证原件到营业部去办理具体的开户事宜。

第二步：股东注册登记

直接开通一码通账户，准备好身份证，您到营业部指定的柜台前向工作人员说明来意，一般只需说："您好，我准备炒股开账户，请问如何办理?"此时，工作人员将递给您几张表格和协议书，有开户申请登记表、委托交易协议书、指定交易协议书等。这些表格和协议书填起来也不费事，基本上是固定格式。您一定要字迹清楚逐项填写。

注意：名字和身份证号码不要写错。如果实在不清楚如何填写，也不要不好意思，主动问工作人员，她（他）会耐心答复您。填写好这些表格和协议书后，工作人员将您的个人资料逐项输入计算机。您将开户费交给工作人员。国家规定开户费：沪深两市共 40 元，无其他费用。此外，个别的营业部免费开户。交完费用后，工作人员给您开出收据，并将您签字的协议书（副本）和股东账户卡等一同给您。

提醒您注意的：一是在开户的过程中，注意保管好个人的资料，不要理睬与您搭话的陌生人，更不能向别人暴露自己的名字、身份证号码和交易密码。有不懂的地方，问工作人员，不要随便问陌生人。离开柜台前，检查自己的东西是否遗留在柜台上。二是如果几个互相认识的人一起去开户，填写个人资料和输入交易密码时，最好也要互相回避，以免节外生枝。三是您开户的所有资料一定要妥善保管，一旦丢失股东卡等，应该立即通知营业部采取必要的措施，以防不测。之后再根据规定，逐步补办。如果您不想炒股了，准备撤户，券商不应收任何费用。

另外提醒注意：一是千万不要写错名字，将身份证和股东卡名字核对，一旦有错，请登记人员修改；二是沪深两市股东账户一齐开，不要只开一个账户；三是股东卡领到后，保管好，不要让别人看到您的股东卡号码，防止以后黑客侵入您的账户盗买盗卖股票或骗提现金。

◎ 非现场开户（见证开户和网上开户）

非现场开户：欲炒股的人也可以不去证券营业部现场开户，证券公司可以进行非现场开户（见证开户、网上开户）。通过非现场方式开户的，应当由本人亲自办理。开户代理机构应当对证券账户非现场开户欲炒股者进行回访并保存回访记录，回访内容包括核实欲炒股者是否本人开户，核实开户是否为欲炒股者本人意愿。

开户代理机构可以先回访、回访成功后开立证券账户，也可以先开立证券账户、回访成功后方允许证券账户使用。

开户代理机构通过非现场方式为欲炒股者开立证券账户的，可通过邮寄等方式向欲炒股者发放证券账户卡；若经欲炒股者同意，也可不打印纸质证券账户卡，但应当以短信、电子邮件等适当方式及时将开户结果反馈给欲炒股者。

开户代理机构应当采集自然人欲炒股者或机构欲炒股者经办人头部正面照，妥善保管欲炒股者开户申请材料以及本办法要求的记录证券账户非现场开户过程采集的影像（音）资料。影像（音）资料应清晰可辨、真实有效。

见证开户：指开户代理机构工作人员在营业场所外面见欲炒股者，验证欲炒股者身份并见证欲炒股者签署开户申请表后，为欲炒股者办理证券账户开立手续；当面见证开户的，开户代理机构可以委派两名或两名以上工作人员为其办理开户手续，其中至少一名应为见证人员；视频见证开户的，开户代理机构可以委派一名或一名以上工作人员视频面见欲炒股者，并由开户代理机构见证人员通过实时视频方式完成见证。

欲炒股者一定要开户代理机构工作人员出示工作证件，可通过开户代理机构网站、开户代理机构客服热线核实其身份，并可以通过中国证券业协会网站核实执业资格，以防被骗。

欲炒股者提交开户申请材料后，开户代理机构应当审核欲炒股者与其提供的有效身份证明文件的一致性，以及欲炒股者有效身份证明文件等开户申请材料的有效性。开户代理机构还应当通过身份证阅读器或公安部身份证核查系统核查自然人欲炒股者或机构欲炒股者经办人有效身份证明文件的真实性。

网上开户：指开户代理机构通过数字证书验证欲炒股者身份，并通过互联网为欲炒股者办理证券账户开立手续。自然人欲炒股者申请开立证券账户，可以通过网上开户方式办理。欲炒股者应当使用中国证券登记结算有限责任公司或该公司认可的其他机构颁发的数字证书作为网上开户的身份认证工具。欲炒

股者应当使用数字证书登录开户代理机构网站，按要求提交开户申请材料。开户代理机构应当对数字证书记载的欲炒股者信息与欲炒股者开户申请表填报的信息进行一致性比对，审核开户申请材料后，按照相关规定为欲炒股者办理开户手续。

第三步：第三方存管——到银行办理资金存管手续

开设了股东账户，您必须注入资金（俗称"保证金"）才可买股票。现在的证券营业部不直接接触股民的资金，而是由银行等独立第三方存管，这样股民的证券交易资金、证券交易买卖、证券交易结算托管就实现了"三分开"，保证了股民炒股的安全。

第三方存管就是银行托管（保管）客户的资金，证券公司只托管（保管）股民的股票，股民通过券商和银行端系统自行进行"银行资金转到证券"、"证券资金转到银行"的业务，简称"银转证"、"证转银"。股民可以开通多家银行的银证转账业务，但是只可以开通一家银行的第三方存管，银证转账可以开通港币（美元不行）资金划转业务，第三方存管开通人民币资金划转业务。

因此，您必须带上身份证、股东卡、银行卡/存折、第三方存管协议书等到对应银行（工商银行、建设银行、招商银行等均可）网点办理第三方存管银行确认手续。这些手续办好后，您将资金转入营业部后，您就正式成为中国的股民，就可以炒股了。

第四步：掌握基本操作知识

完成以上步骤后，不要急于买股，而是要学习我写的《炒股就这几招》书中介绍的一些简单的基本知识，如什么是股票、集合竞价、连续竞价、开盘闭市时间、涨停跌停板制度、K线形态等。

学习《炒股就这几招》（入门篇）需提醒注意：

一是要把通俗易懂的《炒股就这几招》（入门篇）全篇通读，有条件的话，还要把我的另外一系列光盘看完。其他的故弄玄虚的炒股书可以不看，否则一头雾水，不得要领。二是多向周围的老股民学习，勤问勤学，不耻下问。三是千万别一开户就手发痒或禁不住旁人劝，迅速买进股票，而应冷静、沉着几天，安定情绪。四是不易添进多种设备或增加某些不必要投入，如马上买一些荐股软件、配置高性能电脑、花高价上学习班和买多种报纸、上网浏览多种股评等。在刚入市又没有赚钱的情况下，这些投资会给您带来很大的经济负担，待今后挣到钱后可再逐渐增加些必要设备。

第五步：试探性买卖股票

读完《炒股就这几招》（入门篇）后，您就可以下股海试水了，首先，您面临的就是买什么股票的问题。现在数千只股票令人眼花缭乱，难以下手，您要掌握以下原则：一是买一些稳定绩优股。二是买2~5元的股票。买自己熟悉行业的股票，如您是学电脑的，那您对该行业了解清楚，买股踏实；您了解家电行业，您可以决定是否介入此类股等。四是买热门股，如果刚入市就赶上炒热某某概念，可随即跟进。

其次，您面临的就是买股票的数量问题。我劝告您，作为初入市的新股民，万万不能全仓操作，您要先买100股，再卖100股，反复十几次，小试身手，熟悉操作程序，掌握操作技能，体会盈亏心态，检讨得失经验，然后再进行全仓战斗。

再次，买进股票后您面临的就是卖出的问题了。一是买进热门股后第2、3天就小赚一笔，可以考虑卖出，初尝赚钱的喜悦；二是买进后没涨，请耐心等待；三是刚买后就被套住，也别着急，耐心持有或者干脆赔本割肉，考验自己套牢止损的意志；四是卖股后又上涨别后悔。

最后，您面临的就是具体操作方法了。现在买卖股票主要是网上交易，此外可以通过电话、自助终端等自助委托方式买卖股票。您决定买股票后，要记住股票代码，如中国宝安代码是000009，记住您的股东代码和交易密码。您进入网上交易页面后，屏幕上弹出"人机对话"方式，按屏幕提示依次完成操作。如果您采用电话委托或现场磁卡委托，则根据提示依次操作即可。

注意：您当日买的股票只能到第二天才能卖出，而当日卖出股票成交后，资金返回，您可以当日再买进股票，即"T+1"。当天买卖股票后，第二天可在营业部或网上打印一份清单（交割单），核对您买卖的情况，如有疑问，请立即查询。

此步需提醒注意： 一是操作交易时一定要保密进行，不要泄露交易密码，不要找人代替。实在发生困难，请营业部专业人士协助解决，这样比较安全。二是交易完成后，一定要记住合同号，以备万一。三是在网上或磁卡机交易完成后，一定要退出系统，您离开营业部，不要忘记自己的物品。四是尽量不要和陌生人交谈买卖情况。五是买卖股票初战告捷后，不能得意忘形，一定要见好就收；初战不利时，也不能垂头丧气。六是您初次买卖100股，主要是找感觉、悟哲理。七是不宜相信股评，自己多做分析。八是不要与人合作炒股，也不要给别人出主意，否则"好心办坏事"，伤了朋友间多年的感情不值得，尤

其是千万不能借钱炒股！

走完以上这五步，您就完成了入门程序。至于如何提高炒股技术，培育炒股修养，磨炼炒股意志，获得更大的回报，那就"修行在个人"了。任何人都无法帮您，这是实话。

不过我最后要提醒大家：不要相信那些什么短期就翻几倍的"高手"，这些所谓的高手百分之百都是骗子。

好了，现在祝贺您正式成为中国的股民了。

◎ 买卖股票沪深股市打通管道

过去买卖股票深市实行转托管，沪市实行指定交易，现在开通一码通账户业务，打通了中国结算登记公司京沪深三地账户业务柜台，实现通柜受理各市场账户业务，股民买卖股票不受所属营业部限制，在哪个证券营业部都可以买卖股票了。不过沪市还是实行指定交易制度，即只能在指定的一个证券营业部买卖股票。

◎ 如何炒作沪港通的股票

沪港通是上海证券交易所（简称上交所）和香港联合交易所（以下简称港交所）允许两地股民通过当地证券公司（或经纪商）买卖规定范围内的对方交易所上市的股票，即两地股民分别委托上交所会员或者港交所参与者，通过上交所或者港交所在对方所在地设立的证券交易服务公司，买卖规定范围内的对方交易所上市股票。

沪港通包括沪股通和港股通两部分。

沪股通：指股民委托港交所参与者，通过港交所证券交易服务公司，向上交所进行申报，买卖规定范围内的上交所上市股票。

港股通：指股民委托上交所会员，通过上交所证券交易服务公司，向港交所进行申报，买卖规定范围内的港交所上市股票。

沪股通股票：指股民可以通过沪股通买卖的规定范围内的在上交所上市的股票。

港股通股票：指股民可以通过港股通买卖的规定范围内的在港交所上市的股票。

作为内地股民注意，炒作香港股票和沪市的股票有很多区别（具体见表1-1）。

表1-1   沪港通区别简述

项　目	沪市 A 股	香港港股	更具体说明
开户条件	香港股民参与沪股通交易，遵守内地相关的规定	内地股民证券账户及资金账户内的资产不低于人民币 50 万元	见 A
买卖股票范围	香港股民可以买卖上证 180 指数成分股等	内地股民可以买卖恒生指数的成分股等	见 B
买卖股票通道	委托香港经纪商司申报买卖 A 股	委托内地经纪商申报买卖港股	见 C
买卖额度	港股通总额度为 2500 亿元，每日额度为 105 亿元	沪股通总额度为 3000 亿元，每日额度为 130 亿元	见 D
股票代号	6 位数，600、601、603 开头	5 位数，00、01、02、06 等开头	见 E
交易时间	9 点半到 11 点半，13 点到 15 点	9 点半到 12 点，13 点到 16 点	见 F
委托的撤销	其他交易时间内都能撤销未能成交的申报	其他交易时间可以修改申报数量和价格	见 G
开盘价	集合竞价	集合竞价	
收盘价	加权平均价	按盘价的中位数	见 H
交易信息	披露买卖金额最大的 5 家会员营业部名称和金额	不披露买卖金额最大的 5 家会员营业部名称和金额	
佣金	浮动，1‰~0.2‰	需要协商	见 I
过户费	1‰，起点 1 元	按照固定金额收取	
印花税	卖出股票单向征收，为成交金额的 0.1%	双向收费，为成交金额的 0.1%	
报价结算	内地股民港币报价，以人民币交收	香港股民人民币报价，人民币交收	见 J
报价单位	0.01 元人民币	每个股票不一样	见 K
交易回转	T+1	T+0	见 L
涨跌幅	10%、ST5%	无	
买卖手数	100 股/手	20、100、2000 股不等，由发行人决定	
申报上限	单笔不超过 1 万手	上限为 3000 手	见 M
零股（碎股）买卖	一次性申报卖出	以指定的操作程序输入自动对盘系统	见 N
申购新股	香港股民不可以	内地股民不可以	
融资融券	对香港股民提供	不对内地股民提供	见 O

续表

项　目	沪市 A 股	香港港股	更具体说明
配股供股	可以参与	可以参与	见 P
行情颜色	上升红色，下跌绿色	上升绿色，下跌红色	见 Q
行情观察	免费的五档行情	免费的一档行情	见 R
停牌	出现异常波动的股票实施停牌	股票交易停牌主要由股票发行公司申请	见 S
撮合方式	价格优先、时间优先	价格优先、时间优先	见 T
指定交易三方存管	实行指定交易，实行第三方存管制度	港股均没有	
年报、半年报等信息	上市公司、上交所网站，指定证券披露媒体等	港交所、上市公司网站等	见 U
查询港股通股票并打印持股证明书	中国证券登记结算有限责任公司负责	中国证券登记结算有限责任公司负责	见 V

更具体说明：

A：内地股民买卖港股通股票前，应当签署风险揭示书，并与证券公司签订港股通委托协议。内地股民不存在严重不良诚信记录；不存在法律、行政法规、部门规章、规范性文件和业务规则规定的禁止或者限制参与港股通交易的情形。如果内地股民已经有沪市账户，那么无须另行开立股票账户。香港股民参与沪股通业务，应当申请成为上交所交易参与人并取得参与者交易业务单元，遵守上交所对交易参与人的相关规定。港交所证券交易服务公司应当采取适当方式，督促港交所参与者并要求港交所参与者督促其客户遵守内地相关法律、行政法规、部门规章、规范性文件和上交所业务规则的规定。

B：内地股民可以买卖恒生综合大型股指数的成份股、恒生综合中型股指数的成份股和 A+H 股上市公司的 H 股。香港股民可以买卖上证 180 指数成份股、上证 380 指数成份股和 A+H 股上市公司的上交所上市 A 股。

A 股指上交所上市的人民币普通股票。H 股指境内注册的公司发行并在港交所上市的股票。A+H 股上市公司指在境内注册、其股票同时在上交所和港交所上市的公司。港股通股票范围可能因发生特殊情形而调整，内地、香港股民通过上交所网站了解，截至 2014 年 11 月 10 日，可纳入港股通股票范围的股票共 268 只。但是下列股票不纳入港股通股票：①上交所上市 A 股为风险警示板股票的 A+H 股上市公司的相应 H 股；②同时有股票在上交所以外的内地证券交易所上市的发行人的股票；③在港交所以港币以外货币报价交易的股票。此外，具有上交所认定的其他特殊情形的股票也不纳入。

C：内地股民通过沪市人民币普通股票账户进行港股通交易。内地股民委托香港经纪商，通过香港证券交易服务公司申报买卖 A 股。香港股民委托内地经纪商，通过上交所 SPV 申报买卖港股。

D：港股通总额度为 2500 亿元，每日额度为 105 亿元。沪股通总额度为 3000 亿元，每日额度为 130 亿元。交易期间，中投信在上交所网站暂定每分钟更新当日额度余额显示信息。支付交易手续费、公司派发现金红利、利息等非交易事项的资金流量均不占用额度。当日额度使用完毕，上交所、港交所停止接受当日后续的买入申报，但仍然接受卖出申报。

E：沪市有 ST、N 等标记，分别表示警示风险、新股上市。港市则没有这样的标记。

F：沪市竞价交易申报的时间为每个交易日 9：15～9：25、9：30～11：30；13：00～15：00。每个交易日 9：20～9：25 的开盘集合竞价阶段，上交所交易主机不接受撤单申报；其他接受交易申报的时间内，未成交申报可以撤销。

港市 9：30～12：00；13：00～16：00，此期间为持续交易时段，港股通投资者仅能通过增强限价盘申报。在 9：00～9：15 通过竞价限价盘申报。

增强限价盘：指持续交易时段的可以指定价格或者更优价格成交的买卖盘。

竞价限价盘：指开市前时段的可以指定价格或者更优价格成交的买卖盘。

限价盘：成交价只能为输入价。

增强限价盘和特别限价盘：最多可同时与 10 条轮候队伍进行配对（最佳价格队伍至距离 9 个价位的第 10 条轮候队伍），只要成交的价格不差于输入价格。沽盘的输入价格不可低于最佳买入价 10 个价位（或以外），而买盘的输入价格不可高于最佳沽出价 10 个价位（或以外）。若为增强限价盘，剩余委托会转为限价盘；若为特别限价盘，剩余委托会被撤销。

港股在集合竞价时段可申报竞价盘和竞价限价盘。在连续竞价时段可申报限价盘、增强限价盘和特别限价盘。

竞价盘：没有指定价格的买卖盘，在输入自动对盘系统后按照最终参考平衡价格进行对盘。竞价盘享有较竞价现价盘优先的对盘次序及根据时间先后顺序按最终参考平衡价格顺序对盘。在开市前时段结束后，任何未完成的竞价盘

会于持续交易时段开始前自动取消。

竞价限价盘：有指定价格的买卖盘。指定价格等同最终参考平衡价格或较最终参考平衡价格更具竞争力的竞价限价盘（指定价格等同或高于最终参考平衡价格的买盘，或指定价格等同或低于最终参考平衡价格的卖盘）或可按最终参考平衡价格进行对盘取决于另一方是否有足够可配对的买卖盘。竞价限价盘会根据价格及时间先后次序按最终参考平衡价格顺序对盘。竞价限价盘不会以差于最终参考平衡价格的价格对盘。

在开市前时段结束后，任何未完成而输入价不偏离按盘价 9 倍或以上的竞价限价盘，将自动转至持续交易时段，并一概视为限价盘存于所输入价格的轮候队伍中。

港市没有沪市的市价报单。

圣诞前夕（12 月 24 日）、元旦前夕（12 月 31 日）或除夕日为港股通交易日的，港股仅有半天交易，且当日为非交收日。

G：沪市除 9：20~9：30 交易主机不接受撤单申报，其他交易时间内都能撤销未能成交的申报。同时，已申报订单不得更改申报价格或申报数量，必须采用先撤单再申报的方式修改订单。

港市除 9：15~9：30 不得修改和撤销买卖盘申报、12：30~13：00 只可撤销不可修改买卖盘申报外，其他交易时间不仅能撤销未成交申报，还可以修改申报数量和价格。虽然香港股市允许修改订单，但是港股通业务方案规定，基于额度控制原因，港股通投资者不得修改订单，必须采用先撤单再申报的方式修改订单，这是港股通交易机制的特殊安排，与香港股市基本交易机制不同。

H：沪市股票收市价选取证券最后一笔较以前一分钟所有交易的成交量加权平均价（含最后一笔交易）。港市股票的收市价按照持续交易时段最后一分钟内 5 个按盘价的中位数计算。系统由 15：59 开始，每隔 15 秒录取股票按盘价一次，共摄取 5 个按盘价。在比较了当时的买盘价、沽盘价及最后录得价后确定。

I：内地每个营业部不同，1‰~0.2‰浮动，双方可以协商。港市也可以协商，一般是港交所双边征收 0.005% 交易费；港交所双边征收 0.0027% 交易征费；0.002% 投资者赔偿征费；交易系统使用费双边征收 0.5 港元；印花税双边征收，按成交金额的 0.1% 计收，取整到元，不足一元港币按一元计；股份结算费用 0.002%（双向征收，最低 2 港元，最高 100 港元）。

沪港通开通初期，香港券商对内地股民和香港股民有不同的优惠，甚至免费。例如，香港耀才证券对到香港开户的内地股民免佣 3 年，还可以获赠 1 万港元交通费，在税项中回赠。香港致富证券从 2014 年 11 月 17 日至 2015 年 5 月 30 日，对香港股民买卖沪股通 A 股免收佣金，如果在沪港通推出的首月至 2014 年 12 月 31 日前进行首次交易，则再享受额外 6 个月免佣期，到 2015 年 11 月 30 日。此外，如果买入沪股通 A 股，可豁免买入港股佣金，每人限 50 次交易，优惠期至 2015 年 1 月 31 日。

J：沪港通买卖结算都以人民币结算，最终交收受货币汇率影响。港股通达成的交易，由中国证券登记结算公司承担股票和资金的清算交收责任。沪股通达成的交易，由香港中央结算公司承担股票和资金的清算交收责任。

K：港股价位是指证券交易可允许的最小价格变动单位。开市前时段内做出的开始报价不得偏离上个交易日的收市价（如有）的 9 倍或以上，也不得低于上个交易日的收市价（如有）1/9 或以下。此外，在持续交易时段，如果首个挂牌是买盘，那么其价格必须高于或者等于上个交易日收市价下 24 个价位的价格；如果首个挂盘为卖盘，那么其价格必须低于或者等于上个交易日收市价格之上 24 个价位的价格。此外，无论是买盘或卖盘，首个挂盘在任何情况下都不得偏离上个交易日收市价 9 倍或以上，也不得低于 1/9 或以下。

L：沪市实行交易回转制度 T+1，交收制度 T+1。港市实行交易回转制度 T+0，交收制度 T+2。

T 日，指交易日；T+1 日，指交易日后第 1 个交收日；T+2，T+n 依此类推。

港股通在证券交收时点上，实行 T+2 交收安排。T 日买入港股的投资者，T+2 日日终完成交收后才可获得相关证券的权益；T 日卖出港股的投资者，T 日和 T+1 日日终仍可享有关于证券的权益。

M：沪市股票单笔申报最大数量不超过 100 万股（1 万手）。港市股票每个买卖盘上限为 3000 手，股票数量上限取决于各个股票每手股票数量，系统上限为 999999999 股。

N：零股（碎股）：指不足一个买卖单位、不足一手的证券。沪市卖出股票、基金、权证时，余额不足 100 股（份）的部分，应当一次性申报卖出。港市零股不能这样买卖，港交所提供碎股的买卖盘，股民自行挂牌配对，且只能卖出，不能买入。

O：沪市对香港股民提供保证金交易、股票担保卖空、股票借贷服务。港市暂时不对内地股民提供融资融券服务。上交所会员为港股通交易提供融资融

券服务的相关事宜，由上交所另行规定。

沪股通股票保证金交易和担保卖空的标的股票，应当属于上交所市场融资融券交易的标的证券范围。港交所证券交易服务公司应当对属于沪股通股票担保卖空的交易申报予以特别标识。沪股通股票保证金交易：指沪股通投资者在香港市场通过证券保证金融资获得资金买入沪股通股票。沪股通股票担保卖空：指沪股通投资者在香港市场通过股票借贷借入沪股通股票后，通过沪股通将其卖出。沪股通股票借贷：指在香港市场，港交所参与者向其交易客户或者其他港交所参与者出借沪股通股票，或者符合条件的机构向港交所参与者出借沪股通股票的行为。沪股通股票担保卖空比例：指单个沪股通交易日单只沪股通股票的担保卖空量，占前一沪股通交易日香港结算作为名义持有人持有的该只沪股通股票总量的比例。担保卖空的申报价格不得低于该股票的最新成交价；当天没有成交的，申报价格不得低于其前收盘价。单个沪股通交易日的单只沪股通股票担保卖空比例不得超过1%；连续10个沪股通交易日的单只沪股通股票担保卖空比例累计不得超过5%。港交所证券交易服务公司应当采取适当方式，要求港交所参与者接受客户沪股通卖出委托时须确保客户账户内有足额的证券，不得接受客户无足额证券而直接在市场上卖出证券的委托。

P：供股，指港交所上市公司向现有股票持有人作出供股要约，使其可以按持有股票的比例认购该公司股票，且认购权利凭证可以通过二级市场进行转让。因港股通股票发行人供股、港股通股票权益分派或者转换等所取得的港交所上市股票的认购权利凭证在港交所上市的，可以通过港股通卖出。其行权等事宜按照中国证监会、中国证券登记结算有限责任公司的相关规定处理。上交所上市公司经监管机构批准向沪股通投资者进行配股的，由香港结算公司作为名义持有人参与认购，具体事宜适用上交所有关股份发行认购的规定。

港交所上市公司经监管机构批准向港股通投资者进行供股、公开配售的，港股通投资者参与认购的具体事宜按照中国证监会、中国证券登记结算有限责任公司的相关规定执行。中国证券登记结算有限责任公司办理额度内供股、额度内公开配售和以股息权益选择认购股份的服务，暂不提供超额供股和超额公开配售的服务。

Q：软件商提供的行情软件走势颜色可以重新设定。

R：港市仅仅提供免费的一档行情，看多档实时行情，则必须交费。

S：沪市交易出现异常波动的股票等证券，对涉嫌违法违规交易的证券，实施停牌。港市股票交易停牌主要由股票发行公司申请，交易所负责批准执行。香港出现台风、黑色暴雨或者港交所规定的其他情形时，港交所将可能停市。

T：细微区别是港股在集合竞价时段的对盘次序以买卖盘类别为最优先（竞价盘比竞价限价盘享有优先的对盘次序）。

U：香港的上市公司年报及半年报（港市称为"中期报告"）等，内地投资者既可以通过登录港交所"披露易"网站，也可以通过公告板、上市公司自设的网站和资讯供应商等途径获取，还可以向上市公司索要中文或英文的电子和印刷版本的年报。

V：股民证券账户内的港股通股票余额分为可交易数量（Avalible）、日终持有余额（Balance）、未完成交收数量（Pending），如发生冻结，还包括冻结数量（Frozen）。

需要查询港股的持有及持有变动记录的，中国证券登记结算有限责任公司参照 A 股做法为投资者提供查询服务，该公司出具的证券持有记录，是港股通投资者享有该证券权益的合法证明。当投资者同时查询沪市人民币普通股票账户中记录的 A 股和港股时，港股的持有及持有变动查询收费根据证券账户与 A 股合并计收，不单独收取查询费。上交所和港交所保存沪港通股民资料及其委托和申报记录等资料，保存期限不少于 20 年。

第二节　炒股风险和自知之明

◎ 炒股各种各样的风险随时随地存在

您成为股民后，要知道，炒股各种各样的风险随时随地都存在，一般而言有：公司的业绩与收益恶化的风险；股票盲目暴炒的风险；宏观面调控经济的风险；不可抗力产生的风险（突发地震、突发恐怖袭击、突然提高或下调了印花税等）……

股市的风险谁也无法准确预测，股民只能好自为之。

◎ 十人炒股：真是"一盈二平七亏"吗

从世界和中国的炒股经历看，十人炒股的确是"一盈二平七亏"。中国股

市历年调查都证明了这个颠扑不破的真理。例如，2011 年，盈利的股民仅为 22.05%，亏损的占 77.94%。其中盈利 30% 以上的股民占 2.65%，而亏损 30% 以上的股民占 22.04%，亏损 50% 以上的股民占 11.4%。而 2010 年出现亏损的股民占参与调查股民的 48.49%，2011 年亏损的股民相比 2010 年增加了 29.45%。

有 62.05% 的股民认同是市场内幕交易太多导致中小股民遭受损失，50.55% 的股民选择了是对市场和公司的基本面把握不够准确所致，而 48.46% 的股民选择了是上市公司信息披露不及时、不充分造成的，另有 46.19% 的股民选择了是对宏观经济变化趋势和国家政策把握不清所致。

从入市时间与盈利的关系来看，新股民亏损比例最高。2001~2005 年入市的股民中盈利的比例最高，占比为 30.17%。而 2009 年之后入市的股民亏损占比随入市时间推后而日渐增高，2011 年入市股民中亏损的占比达到了 86.32%。

因此，您炒股就要有亏损的心理准备。

◎ 自知之明：炒股自身的基因天分很重要

干任何事情，要想成功，除了后天的勤奋和努力外，自身是否具备成功的基因和天分也非常重要。不得不承认，人的基因和天分是有差别的：有人适合当官，有人适合经商，也有人适合演戏唱歌，有人适合搞科研，有人适合搞体育……为什么同样的时间、条件，有人就考上大学，有人就考不上？刘翔就可以获得 110 米栏比赛的冠军，而其他人练了一辈子也不行？这说明，人的基因天分很重要。

炒股也一样，很多股民也非常努力地学习，但是最后真正成功的还是少数人。这就是基因天分的使然，所以，股民在炒股中，如果发现自己总是失败，干脆就彻底告别股市，您要有自知之明，因为您不适应炒股，或者说从娘胎里出生您就不具备炒股的基因，再炒下去，还会赔钱。

◎ 千万不可透支买卖股票

有一位朋友给我来信讲他透支交易的具体情况：

李老师：

我是一名新入市的股民。××××年 5 月我存入营业部 5 万元，第 2 天发现自己账上变成 20 万元，当时我没在意，随后用 20 万元先后买入了葛洲坝、苏常柴等股票。几天后，营业部发现这一情况，随即冻结了我的账户，至今也未解冻。我反复找营业部，他们说我是透支交易，需严肃处理。我现在不知如何是好，请帮助我。

山西　王××

王××朋友并所有读者朋友：

首先肯定你是透支交易，所谓透支交易是指你超出了你自己存入的资金限额而进行股票买卖。你只有 5 万元，但用 20 万元做股票交易，这是不对的。你自己存入 5 万元应该心里清楚，账上资金变成 20 万元，可能是营业部电脑出了差错，发现这种情况应主动与营业部联系，以便更正资金金额。不管你是否主观上有意无意，客观上形成了透支交易，后果是可想而知的，给你及营业部都造成了损失（股票下跌不用说了，即使股票上涨，这种侥幸交易也应坚决杜绝）。

我还认识几个朋友，他们有时发现自己的股票账上不是资金增加，而是无意中多了几只股票，这不是你的股票，你卖掉要负责任，应赶紧告知营业部更正。这种不属于你的股票而你要卖掉的情况也是透支交易。

各位朋友，一旦发现你的资金、股票余额异常，赶紧报告营业部，万万不可擅自处理，发生了透支交易是很麻烦的事。

但已发生了透支交易怎么办？

第一，分析透支方是否有意。如属于故意，则对透支款进行追缴，后果严重者，还要追究刑事责任。

第二，从你的情况看，可能是不太懂。因此可以找券商说明情况，双方协商解决。但透支买进的股票跌幅较深、强制平仓的损失可能由你承担，这点请你有思想准备。

第三，双方"将就"一下，当股票涨起来再平仓。但从理论上讲，发生着透支，再延续透支，是不行的。但这也是没有办法的办法，这种办法能否实行，要看营业部的态度。

由这位朋友的经历可知，我们股民万一账上发现资金或股票有异样，千万不能侥幸进行透支交易，否则后果不堪设想。

第三节　炒股基本知识

◎ A 股、B 股、H 股、一级市场、二级市场

A 股：在我国境内由境内公司发行，由境内投资者（国家允许的机构、组织和个人）购买的，在境内交易的人民币普通股票。例如，深宝安（000009）等股票就是 A 股。

B 股：上市公司在境内发行和上市，以人民币表明面值，由外国人和中国台湾、港澳的法人、自然人和其他组织以及境内外的中国公民，以外币认购和买卖的特种股票。例如，1991 年 12 月 10 日，我国发行了首只 B 股深南玻（200012）。

H 股：上市公司注册地在境内，但在我国香港发行和上市，以港币表明面值，由外国人和中国台湾、港澳的法人、自然人和其他组织以外币认购和买卖的特种股票。例如，1993 年 6 月，我国的青岛啤酒公司第一个在香港发行了 H 股。因为香港的英文是 Hong Kong，所以简称为 H 股。

一级市场（发行市场）：股票处于招募阶段，正在发行，不能上市流通的市场。

二级市场（流通市场）：股票可以进行买卖的市场。

◎ 绩优股、蓝筹股、垃圾股

绩优股：一般指公司业绩优良的股票，其每股收益、净资产收益率连续几年处于领先的地位，且分红较好。

蓝筹股：西方赌场中有蓝色、红色和白色三种颜色的筹码，蓝色筹码最值钱，所以套用在股市上，蓝筹股就是指公司业绩优良，在行业内和股市中占有重要地位的股票。

目前我国缺少真正意义上的绩优股和蓝筹股。

垃圾股：一般指公司业绩很差的股票，其净利润亏损，每股收益和净资产收益率处于负值。通常在这类股票简称前加 *ST、ST 注明，有退市的可能。例如，第一家退市的水仙电器股票。

◎ 国有股、法人股、公众股、机构投资者

国有股：由国家和国有法人投资形成的股份。

法人股：由国有法人和非国有法人投资形成的股份。

公众股：自然人和法律允许的机构投资者购买公司股票形成的股份。

机构投资者：证券投资基金、社会保障基金、证券公司、保险公司、合格境外机构投资者（QFII）、信托投资公司、财务公司等。

◎ 次新股、黑马股、板块股

次新股：一般指上市不到两年的股票。例如，东方网力、友邦吊顶等。

黑马股：一般指股价突飞猛进的股票。例如，2000 年冲上 100 元的亿安科技（000008）股票（见图 1-1），连拉 23 个涨停的海虹控股（000503）股票等。

图 1-1　冲上 100 元的黑马股如今风光不再

板块股：一般指同处一个行业上市公司的股票，如科技板块、钢铁板块等。

◎ 优先股

优先股：指优先于普通股股东分配公司利润和剩余财产，但参与公司决策管理等权利受到限制的一种股份。

"优先"在何处？首先是优先分配利润；其次是优先分配剩余财产，但是表决权受到限制。

优先股是否可以转换或者回购呢？公司可以在公司章程中规定优先股转换为普通股及发行人回购优先股的条件、价格和比例。转换或回购选择权可规定由发行人或优先股股东行使。发行人要求回购优先股的，必须完全支付所欠股息，但商业银行发行优先股补充资本的除外。优先股回购后相应减记发行在外的优先股股份总数。

◎ 大盘股、小盘股

大盘股：没有统一的标准，一般约定俗成指股本比较大的股票。例如，2013 年中国农业银行股本达到 3247.94 亿股。

小盘股：没有统一的标准，一般约定俗成指股本比较小的股票。例如，创业板的许多股票，股本都仅有 1 千多万股。

◎ 市价总额、为什么大盘股可以影响指数

市价总额：指在某特定时间内，交易所市场上挂牌交易的证券按当市价格（收盘价）计算的证券总金额。

举例来说，1991 年 4 月 3 日，深圳证券交易所挂牌的 5 种股票的收盘价分别为 49 元、14.57 元、13.04 元、12.26 元和 13.48 元，该日这 5 种股票的发行量分别为 6790 万股、2104.02 万股、4133.268 万股、1250 万股和 9000 万股，则该日深圳股票市场的市价总额为：6790×49+2104.02×14.57+4133.268×13.04+1250×12.26+9000×13.48＝553908.3861 万元。

市价总额反映证券市场的规模，应注意：它是以各股票的发行量为权数的，所以发行量大的大盘股变动，对市价总额变动的影响就大。当大盘股变动激烈时，市价总额指标呈较大幅度增减，这就是为什么一些庄家通过拉抬大盘股股价从而影响股指的一个重要原因。

股价指数点位是以总股本为基数计算的，而大盘股的总股本都在几十亿股、上千亿股，例如，2013 年农业银行股本达到 3247.94 亿股，因此主力拉

动大盘股一个点，股市的指数就会上升几十个点。又如，2006 年和 2007 年的大牛市，中国石化就从 2 元左右上升到 29.31 元，使沪指上升到 6124 点。但是，主力也会打压大盘股从而达到打压股指的目的。2008 年，中国石化从 29.31 元跌到 8 元左右，带动沪指跌到 1600 点左右。可见，大盘股影响指数的升降。

◎ 炒股时间、股票代码、报价单位

炒股时间：周一到周五，9:30~11:30；13:00~15:00。法定的公众假期除外，如春节、国庆节等。由于深交所收盘是采用集合竞价，所以深交所下午的实际交易时间是 13:00~14:57；14:57~15:00 为收盘集合竞价时间。

上交所接受会员竞价交易申报的时间为每个交易日 9:15~9:25；9:30~11:30；13:00~15:00。

股票代码：用阿拉伯数字表示股票的不同含义。沪市 A 股票买卖的代码是以 60 打头，例如，运盛实业股票代码是 600767，人民网为 603000；B 股买卖的代码是以 900 打头，例如，上电 B 股代码是 900901。沪市新股申购的代码是以 73 **** 打头，例如，2012 年 8 月 1 日隆鑫通用发行新股，其申购的代码是 732766，它的股票代码是 603766。

深市主板 A 股票代码是以 000 打头，例如，顺鑫农业股票代码是 000860。中小板股票代码是以 002 打头，例如，新和成股票代码是 002001。创业板股票代码是以 300 打头，例如，特锐德股票代码是 300001。B 股买卖的代码是以 200 打头，例如，深中冠 B 股代码是 200018。深市新股申购的代码与深市股票买卖代码一样。

报价单位：A 股申报价格最小变动单位为 0.01 元人民币。例如，您要买进农业银行，填单的价格为 2.52 元，而不能填 2.052 元。B 股申报价格最小变动单位为 0.001 美元（沪市）和 0.01 港元（深市），例如，您要买进或卖出轻骑 B，填单 0.352 美元即可。

◎ 即时行情与交易信息

即时行情：指证券行情表上的时点信息。内容包括证券代码、证券简称、前收盘价格、最新成交价格、当日最高成交价格、当日最低成交价格、当日累计成交数量、当日累计成交金额、实时最高 5 个买入申报价格和数量、实时最低 5 个卖出申报价格和数量。

首次上市证券上市首日，其即时行情显示的前收盘价格为其发行价；恢复上市股票上市首日，其即时行情显示的前收盘价为其暂停上市前最后交易日的收盘价或恢复上市前最近一次增发价。

沪深两所每个交易日发布证券交易公开信息包括即时行情、证券指数等。

◎ 哪些股票实行涨跌幅限制

涨跌幅：指统计期内股票期末价格相对期初价格的变化幅度，其计算公式：涨跌幅＝［（期末收盘价÷期初前收盘价）－1］×100%。例如，某股票1月10日收盘价19元，1月9日收盘价18.77元，则该股1月10日涨跌幅为：［（19÷18.77）－1］×100%＝1.23%（四舍五入）。

沪深两所都对股票、基金交易实行价格涨跌幅限制，涨跌幅限制比例为10%。ST、*ST、未股改的股票价格涨跌幅限制比例为5%。因为创业板股票没有ST、*ST和未股改的股票，所以没有5%价格涨跌幅限制比例。

新股沪深两所有专门规定，详见《新股上市特别规定：实行临时停牌制度》。

◎ 偏离值、价格振幅、换手率的计算公式

收盘价格涨跌幅偏离值的计算公式为：

收盘价格涨跌幅偏离值＝单只股票（基金）涨跌幅－对应分类指数涨跌幅。

对应分类指数包括沪深两所分别编制的A股指数、B股指数、基金指数、中小板综合指数、创业板综合指数等。如果连续3个交易日内日收盘价涨跌幅偏离值累计达到±20%的，就属于异常波动。深交所还规定：ST和*ST股票连续3个交易日内日收盘价涨跌幅偏离值累计达到±12%的，也属于异常波动。

例如，外高桥公司股票（A股和B股）自2013年8月30日起连续3个交易日每天涨幅都在10%（2013年8月30日、2013年9月2日、2013年9月3日），3天的涨幅为30%，而同期沪指涨幅分别为0.05%、0.00%、1.18%，3天累计涨幅为1.23%。可见，外高桥连续3个交易日内日收盘价涨跌幅偏离值累计＝30%－1.23%＝28.77%，偏离值超过了20%，属于异常波动。

价格振幅的计算公式为：

价格振幅＝［（当日最高价格－当日最低价格）÷当日最低价格］×100%。例如，深赤湾某日最高价格10元，最低价格9.75元，其价格振幅＝［（10－

9.75）÷9.75]×100%＝2.56%。

　　股票换手率：指股票成交量（或成交金额）与相应股票股本（或股票市值）的比率，换手率包括股本换手率、市值换手率。通常对单只股票仅采用股本换手率，对一组股票（剔除暂停上市股票）采用市值换手率。

　　股本换手率：指当日股票成交量与其流通股本的比率。计算公式为：

　　股本换手率＝（当日成交股数÷流通股本）×100%。例如，平安银行某日成交股数为144.1万股，流通股本为49.7亿股，股本换手率＝（114.1÷49.7）×100%＝2.3%。

　　市值换手率：指当日股票成交金额与其流通市值的比率。计算公式为：

　　市值换手率＝（当日股票成交金额÷流通市值）×100%

　　连续3个交易日内日均换手率与前5个交易日的日均换手率的比值达到30倍，且该股票连续3个交易日内的累计换手率达到20%的，属于异常波动。

　　股票换手率的高低可以衡量市场交易的活跃度和流动性。换手率高好还是低好，不能一概而论，股市低迷，换手率就低；成熟市场，换手率也低；股市投机性强，换手率高。

　　我国股市换手率在全球股市中位居前茅，2010~2012年，中小板换手率分别为806%、421%、405%；创业板换手率分别为1771%、766%、806%；A股换手率分别为350%、218%、182%。

◎ 股价异常波动证券交易所公开信息和停牌

　　股票、封闭式基金竞价交易出现下列情形之一的，属于异常波动：

　　连续3个交易日内日收盘价涨跌幅偏离值累计达到±20%的；

　　连续3个交易日内日均换手率与前5个交易日的日均换手率的比值达到30倍，且该证券连续3个交易日内的累计换手率达到20%的。

◎ 发生交易异常情况股民损失证券交易所赔偿吗

　　股民在炒股中，可能会碰到异常情况，如果发生不可抗力、意外事件、技术故障及沪深两所认定的其他异常情况，导致部分或全部交易不能进行的，沪深两所可以决定技术性或临时停市。

　　出现行情传输中断或无法申报的会员营业部数量超过营业部总数10%以上的交易异常情况，沪、深两所可以实行临时停市。

　　因交易异常情况及沪深两所采取的相应措施造成的损失，沪深两所不承担

责任。可见，股民碰到这些异常情况造成股票无法买卖，只有自认倒霉，沪深两所甩手不负任何责任。

◎ 上市公司召开股东大会不停牌和其他的停牌

上市公司在交易时间召开股东大会，其股票交易不停牌。2013 年 5 月 16 日，因股东与高管矛盾爆发，上海家化召开股东大会就不停牌。

但是发生上市公司预计应披露的重大信息在披露前已难以保密或者已经泄露，可能或者已经对公司股票及其衍生品种的交易价格产生较大影响的；上市公司进行重大资产重组的；公共传媒中出现上市公司尚未披露的重大信息，可能或者已经对公司股票及其衍生品种的交易价格产生较大影响的；等等，就要停牌。

例如，2013 年 11 月 2 日，深圳市农产品股份有限公司正在筹划"前海中国农产品批发市场价格系列指数"发布会事项，为避免造成公司股价异常波动，该公司股票 2013 年 11 月 4 日开市起停牌一天。

◎ 一手、现手、新股民初次买多少股合适

一手就是 100 股。买入股票时，申报数量应当为 100 股（份）或其整数倍，即应以一手为整数倍进行。如买 100 股、5200 股等，不能买入 150 股、3120 股。

卖出股票时，随便，但是余额不足 100 股（份）部分，就应当一次性申报卖出。由于配股中会发生不足一手的情况，如 10 送 3 股，您有 100 股，变为 130 股，这时可以卖出 130 股或者 30 股。

股票单笔申报最大数量应当不超过 100 万股。

现手：指当时成交的手数。例如，某股票开盘就成交了 5000 股，即成交了 50 手。

由于新股民不熟悉股票特点，最好买一手（100 股）试试，再卖出一手试试，反复十几次，找找感觉，然后再进行大手笔买卖。

◎ 集合竞价（开盘价如何产生）和连续竞价（有效申报）

集合竞价：指开盘前规定的时间内接受的买卖申报一次性集中撮合的竞价方式。

9:15~9:25 为开盘集合竞价时间，沪深证交所开始接受股民有效的买卖指令，如涨跌幅必须按规定填单（一般股票涨跌幅是 10%，ST 股 5%，当日上

市的新股除外），否则主机不接受。在 9：30 正式开盘的一瞬间，沪深证交所的电脑主机开始撮合成交，以每个股票最大成交量的价格来确定每个股票的开盘价格。下午开盘没有集合竞价。

如果股民在集合竞价阶段填单后，又想撤单，是否可以撤单？沪深两所在时间上有差异规定。

上交所的规定是：在每个交易日 9：20～9：25 的开盘集合竞价阶段，交易主机不接受撤单申报；其他接受交易申报的时间内，未成交申报可以撤销。

深交所的规定是：每个交易日 9：25～9：30 的开盘集合竞价阶段，交易主机只接受申报，但不对买卖申报或撤销申报作处理。14：57～15：00 深交所交易主机不接受参与竞价交易的撤销申报；在其他接受申报的时间内，未成交申报可以撤销。

集合竞价输入的报单不能撤单，但也不作废，待 9：30 开盘后，参加连续竞价。

买卖股票有 10%（ST 股 5%）价格涨跌幅限制的，在价格涨跌幅限制以内的申报为有效申报，超过价格涨跌幅限制的申报为无效申报。

注意：新股在集合竞价阶段，沪深两所有专门规定，详见《新股上市特别规定：实行临时停牌制度》。

集合竞价时，成交价的确定原则为：可实现最大成交量；高于该价格的买入申报与低于该价格的卖出申报全部成交；与该价格相同的买方或卖方至少有一方全部成交。

连续竞价：指开盘后对买卖申报逐笔连续撮合的竞价方式，一般股票有效竞价范围为 10%，ST 股票为 5%。集合竞价中没有成交的买卖指令继续有效，自动进入连续竞价等待合适的价位成交，而无效的买卖指令主机不接受。例如，股票价格涨跌幅超过 10%（ST 股 5%）限制等（当日上市的新股除外）。

注意：在连续竞价阶段，买卖无价格涨跌幅限制的股票，如新股，沪深两所有专门规定，详见《新股上市特别规定：实行临时停牌制度》。

连续竞价时，成交价的确定原则为：

（1）最高买入申报与最低卖出申报价格相同，以该价格为成交价。例如，甲方 5 元买入股票，乙方 5 元卖出股票，此时的成交价为 5 元。

（2）买入申报价格高于集中申报簿当时最低卖出申报价格时，以集中申报簿当时的最低卖出申报价格为成交价。例如，甲方 5 元买入股票，乙方 4.8 元卖出股票，此时的成交价为 4.8 元。

（3）卖出申报价格低于集中申报簿当时最高买入申报价格时，以集中申

报簿当时的最高买入申报价格为成交价。例如，甲方4.8元卖出股票，乙方5元买进股票，此时的成交价为5元。

需要注意：集中申报簿指交易主机某一时点有效竞价范围内按买卖方向以及价格优先、时间优先顺序排列的所有未成交申报队列。

◎ 股票成交原则与买卖股票为何不成交

股票成交的原则：按价格优先、时间优先的原则撮合成交。价格优先的原则：较高价格买入申报优先于较低价格买入申报，较低价格卖出申报优先于较高价格卖出申报。时间优先的原则：买卖方向、价格相同的，先申报者优先于后申报者。先后顺序按交易主机接受申报的时间确定。

通俗理解就是谁给的价格优惠，谁先排队来买卖股票，谁就先成交。例如，许多股民同时买某股票，此时乙股民输入的买入价格是10元，甲股民输入的买入价格是10.01元，则甲股民优先成交，这就是价格优先。

如果大家都输入10.01元买入，则按照先来后到排队等待成交，即谁先输入的10.01元的买单，谁就先成交，这就是时间优先。

反过来卖股票也照此办理。例如，许多股民同时卖某股票，此时乙股民输入的卖出价格是10元，甲股民输入的卖出价格为9.98元，则甲股民优先成交，这就是价格优先。

如果大家都输入9.98元卖出，则按照先来后到排队等待成交，即谁先输入的卖单，谁就先成交，这就是时间优先。

掌握好这个规则，对我们在"疾风暴雨"的行情操作中帮助极大。特别是价格优先规则，新股民一定要深刻体会。例如，行情一旦启动，您还空仓的话，此时应该迅速采用价格优先规则，高填买单以迅速成交，防止踏空；而行情一旦开始下跌，您还满仓的话，此时应该迅速采用价格优先规则，低填卖单以迅速成交，防止套牢。

明白了"价格优先、时间优先"这个道理，您就明白了为什么委托买卖股票有时会发生不成交的情况：

（1）遵循价格优先、时间优先原则。如某股票市价8元，您填买入（或卖出）8元，但全国那么多股民都在填8元价位，这就要"时间优先"了，俗话讲先来后到，要排队。先填8元，先成交。等到您时，可能价格变成8.2元（或7.98元），您就买不到了（或卖不出了）。所以您操作时，要明白这个原理。

（2）价位合适，并且也长时间没变，为何不成交呢？这里有一个交易量的问题。如某股票 8 元，但卖出有 5 万股（或买入只有 5 万股），而买入有 10 万股（或卖出只有 7 万股），因此卖买之间空缺 5 万股（买卖之间空缺 2 万股），尽管 8 元价位合适，但只能满足 5 万股成交，剩下的 5 万股只有等待（空缺 2 万股也如此）。

◎ 成交量、成交额、平均每笔成交、总量、量比、量比指标

成交量：指在统计期内全部股票成交数量合计，包含竞价交易和协议交易（大宗交易）。简单理解就是买卖股票的数量。如卖方卖出 10 亿股，买方同时买入 10 亿股，此笔股票成交量为 10 亿股。

成交额：指在统计期内全部股票成交金额合计。简单理解就是各类股票的价格乘上其成交量的总计金额，例如，卖方卖出 10 亿股，买方向卖方支付 10 亿股的价款，即为成交额。又如，某投资者以每股 10 元的价格成交了 200 股，又以每 15 元的价格成交了另 100 股，股票成交额为：$10 \times 200 + 15 \times 100 = 3500$（元）。

如果用股票成交额除以总成交量，即得出每股成交量的加权平均股份。

平均每笔成交：竞价成交均由证券交易所电脑主机自动撮合，每一笔均有平衡的买卖盘对应，由于成交是以撮合成功为准逐笔进行，故这里的"笔"指撮合成交的次数，即不管买卖盘的委托笔数是多少，多少次撮合成交即显示有多少成交笔数。如上，一次买进 1000 股，分 200 股和 800 股两次成交，即显示两笔买卖，每笔成交分别为 200 股和 800 股。平均每笔成交为（800+200）÷2＝500 股。

总量：股票一天交易量的总和。

量比：指股票从开盘交易到目前累计成交总手数与前 5 日成交总手数在相同时间的平均值之比值。电脑软件自动实时计算出量比指标。

量比指标公式：

量比＝现成交总手/［过去 5 日平均每分钟成交量×当日累计开市时间（分）］

量比指标是 5 天的盘口成交变化，量比值越大，表明该股成交活跃，可以参考建仓或平仓。

一般理解是，量比为 0.8～1.5 倍，成交量处于正常水平，股价盘整。量比在 1.5～2.5 倍，股价温和缓升，若股价下跌，则可认定短期上升结束。量比在 2.5～5 倍，则为明显放量。量比达 5～10 倍，则为剧烈放量，如果股价处于底部，可以考虑买进持有；如果股价在顶部了，可以考虑卖出。

◎ 市价委托、限价委托、撤单为何不成功

市价委托：客户委托会员按市场价格买卖证券，即股民直接按当时显示的股票价格买卖就是市价委托。例如，贵州茅台（600519）现在显示价格为206.56元，如果立即填单按此价格买卖，就是市价委托。注意：当你按市价发出买卖指令，但是送达交易主机时有一定时间，如果此时股价发生变化，你的买卖也可能不成交。

限价委托：指客户委托会员按其限定的价格买卖证券，会员必须按限定的价格或低于限定的价格申报买入证券，按限定的价格或高于限定的价格申报卖出证券。例如，股民不按当时显示的股票市价买卖，而是自己定一个价格等待买卖（不能违反有关涨跌幅的规定），就是限价委托。例如，贵州茅台现在显示价格为200.56元，股民填单200.46元等待买进，如果股价直接回落低于200.46元，也属于限价委托买进。卖出时，股民填单210.98元等待卖出，如果股价直接上升到了220.12元，也属于限价委托卖出。

股民发出股民买卖指令后，决定撤销委托买卖的指令是可以的，但是如果成交了就不可以反悔了。

撤单为何不成功：是对撤单的理解有误。例如，投资者用电话或网上委托，电话里传来"接受委托撤单"的声音或网上页面显示"接受委托撤单"的字样，然而结果是没有撤单，撤单不成功问题出在哪？关键是"接受委托撤单"只是"接受"，并未"成功撤单"，所以不能认为"接受委托撤单"就是"撤单成功"。

此外，上交所在每个交易日9：20~9：25的开盘集合竞价阶段，交易主机不接受撤单申报。其他接受交易申报的时间内，未成交申报可以撤销。

深交所的规定是：每个交易日9：25~9：30的开盘集合竞价阶段，交易主机只接受申报，但不对买卖申报或撤销申报作处理。14：57~15：00深交所交易主机不接受参与竞价交易的撤销申报；在其他接受申报的时间内，未成交申报可以撤销。

◎ 买卖股票成交后反悔和发生意外情况怎么办

股民填单买卖股票成交后（其成交结果以证券交易所交易主机记录的成交数据为准），如果想反悔是绝对不行的，买卖双方必须承认交易结果，履行清算交收义务。

如果因不可抗力、意外事件、交易系统被非法侵入等原因造成严重后果的交易，沪深两所可以采取适当措施或认定无效。对显失公平的交易，经证券交易所认定并经理事会同意，可以采取适当措施，并向中国证监会报告。例如，"3·27"国债期货就宣布当天交易无效。

◎ 建仓、补仓、平仓、斩仓、全仓、半仓、满仓

建仓：指买入股票并有了成交结果的行为。例如，您买入了中国石油1000股，可称为建仓。

补仓：指分批买入股票并有了成交结果的行为。例如，您先买进了中国石油1000股，之后再次买进5000股，这就是补仓。

平仓（清仓）：指买进股票后，股价上涨有盈利后卖出股票并有了成交结果的行为。例如，您以10元买进了中国石油1000股，第三天您以11元卖出1000股，并且顺利成交。此行为称作平仓。

斩仓（砍仓）：指买进股票后，股价开始下跌造成亏损后卖出股票并有了成交结果的行为。例如，您第一天以48元买进了中国石油1000股，第二天该股价下跌，您认为股价还可能继续下跌，于是当天以47元卖出1000股，并且顺利成交。此行为称作斩仓。

全仓：指买卖股票不分批、不分次，而是一次性建仓或一次性平仓、斩仓并有了成交结果的行为。例如，一次性买进中国石油6000股，卖出时，一次性卖出6000股。并先后顺利成交。

半仓：指买卖股票仅用50%的仓位，例如，买股票仅用50%的资金建仓，平仓、斩仓卖出股票仅卖掉50%。又如，建仓时，用50%的资金买进中国石油3000股，而留一半资金等待观望，择机行动；卖出时，仅卖出1500股，另一半股票择机行动。

满仓：指已经用全部的资金买进了股票，您账上没有充足的钱再继续买进股票了，此时您的仓位已经填满了。

◎ 多头、利多、空头、利空、看平、多翻空、空翻多、轧多、轧空、踏空

多头（多方、看多）：指预计股价上升，看好股市前景的股民。例如，1999年5月19日行情一发动，许多人纷纷看多后市，大胆建仓，成为多头。

利多（利好）：有利于多头的各种信息。例如，管理层鼓励股市上升的政

策；经济指标好转的信息；上市公司业绩良好等。又如，2002 年 6 月 24 日颁布的停止国有股减持的决定就是利好政策，当天几乎所有股票涨停。

如果股市已经开始下跌了，而还坚定看多的股评人和股民，就是死多头。例如，2008 年股市已经有开始下跌的迹象，但是个别的股评人和股民仍然坚持看多股市，甚至有的股评人认为沪指涨到一万点。结果沪指一直跌到 2008 年 10 月 28 日的 1664 点，死多头损失惨重。

如果多头们对大势能否持续上升的判断出现分歧，有的多头开始看空，于是纷纷抛出股票，形成了多头之间互相残杀的局面，这就是多杀多。

空头（空方、看空）：指预计股价下跌，不看好股市前景的股民。例如，少数人预计 2008 年股市将有一轮大跌，于是立即平仓或斩仓，成为空头。

利空：有利于空头的各种信息。例如，监管股市的政策出台，经济指标恶化的信息，上市公司业绩滑坡等。又如，2001 年包括国有股减持、银广夏造假等在内的 22 个不利因素就是利空，结果从 2001 年 7 月开始，股市就一路下挫长达 3 年多。

如果股市已经开始启动，而还坚定看空的股评人和股民，就是死空头。例如，2005 年 6 月 6 日，沪指跌破 1000 点，此时有人看空到 800 点，而股市已经有好转的迹象。但是个别的股评人和股民仍然坚持看空股市，甚至有的股评人认为沪指应该跌到 800 点。结果股市发动了长达两年多的牛市行情，死空头失去了绝好的机会。

如果看空的空头们对大势能否继续下跌的判断出现分歧，有的空头认为股市跌到底了，于是开始看多并建仓，形成了空头之间的分裂局面，这就是空杀空。

看平：指预计股价不涨不跌，观望股市的股民。

多翻空：指原来多头股民转为了空头股民。例如，2008 年 4 月下旬，股市开始下跌，刚开始还坚持多头的股民，后来转变了观点，认为股市将有一轮大跌，不相信再创新高的神话，于是立即平仓或斩仓，由多头翻为空头。

空翻多：指原来空头股民转为多头的股民。例如，2005 年 6 月 6 日，沪指跌破 1000 点，此时有人看空到 800 点。此时股市开始发动，刚开始还坚持空头的股民，后来转变了观点，认为股市将有一轮大涨，不相信 800 点的鬼话，于是立即追进建仓，由空头翻为多头。

轧多：指空头对多头的打击。当多头认为股市会继续上升时，他们的仓位较重。此时，空头实施强大的抛压，一举将股价打下来，让多头损失惨重。例如，2001年6月14日，沪指再创11年新高2245点。此时许多股评人和一些人继续看多，仓位很重。2001年7月中旬，空方开始轧多，一路打压股市。结果股市下跌长达4年多，空方取得了轧多的胜利。

轧空：指多头对空头的打击。当空头认为股市会继续下跌时，他们基本是空仓。此时，多头实施强大攻击，一举将股价推升，让空头失去机会。例如，2005年6月6日，沪指跌破1000点，此时有人看空到800点。结果多头一路轧空，不给空方任何机会，股市开始发动了长达两年多的牛市行情，一举将沪指推到6124点方才罢休，多头在两年的轧空战役中大获全胜。

踏空：指一直认为股市会继续下跌并没有建仓，结果股市一路上涨，失去了赚钱的机会。例如，2005年6月6日，沪指跌破1000点，此时有人看空到800点，结果股市开始发动了长达两年多的牛市行情，看空的股民由此踏空。

◎ 诱多、诱空、多头排列、空头排列、跳水、骗线

诱多：指主力庄家引诱股民看多，实际上主力庄家已经在悄悄平仓出货。例如，2001年6月14日，沪指再创11年新高2245点。此时主力庄家们准备出货，而雇用股评人继续喷多，让散户们继续持仓。结果2001年7月中旬开始，主力庄家们不惜血本出货，创造了长达4年多的下跌行情，而被诱多者损失惨重，叫苦不迭。

诱空：指主力庄家引诱股民看空，实际上主力庄家已经在悄悄建仓进货。例如，2005年6月6日，沪指跌破1000点，此时有人看空到800点，诱空股民不让其建仓。结果多头一路轧空，被诱空的股民建仓成本增加，后悔莫及。

多头排列：指短期均线上穿中期均线，中期均线上穿长期均线，整个均线系统形成向上发散态势，显示多头的气势。

空头排列：指短期均线下穿中期均线，中期均线下穿长期均线，整个均线系统形成向下发散态势，显示空头的气势。

跳水：比喻股市大幅快速下跌。

骗线：利用技术指标人为画出曲线，给人以股价上升或下跌的假象，达到不可告人的目的。例如，2005年6月6日，沪指跌破1000点，此时股市中的一些技术指标仍然不见好转，主力庄家甚至采取了骗线的手法，让散户踏空。结果后来发生了长达两年的牛市行情，主力庄家采取骗线的手法，让散户失去了绝好的机会。

◎ 牛市、熊市、鹿市、黑色含义、坐轿子、抬轿子

牛市： 指股市行情波澜壮阔，交易活跃，指数屡创新高的态势。例如，2006～2007年就是一轮典型的牛劲十足的行情，这期间的指数屡创新高，成交额屡屡放大，板块炒作活跃，入市人数激增。

熊市： 指股市行情萎靡不振，交易萎缩，指数一路下跌的态势。例如，2001年7月至2005年5月，就是典型的熊市特征。这期间管理层频频出台利好政策救市，但股市仍然下跌，成交额屡屡缩小，无热点板块炒作，入市人数减少。

鹿市： 指股市投机气氛浓厚。投机者如同鹿一样，频频炒短线，见利就跑。典型的，如1995年的"5·18"行情、2001年的"10·23"行情和2002年的"6·24"行情。

黑色含义： 一般指股市暴跌的态势。耶稣遇难日被人们称作"黑色星期五"。1869年9月24日，美国股市大跌，这天正好是星期五，故美国股民称"黑色星期五"。因此，今后股市一暴跌，人们就称"黑色星期×"。我国股市在2002年的时候，星期一经常发生下跌，当时股民称作"黑色星期一"。

坐轿子： 指预计股价上升，事先建仓，等待股价上升获利。例如，2002年的"6·24"行情发生前期，如果事先建仓，则可以顺利坐上轿子。

抬轿子： 指预计股价下跌，空仓等待；但是股价突然上升，此时赶紧追涨建仓；但是获利空间已经缩小，甚至股价上涨完毕。此行动就是帮别人抬了一回轿子。

◎ 高开、跳空高开、低开、跳空低开、跳空缺口

高开： 指今日开盘价超过昨日收盘价但未超过最高价的现象。如某股票昨日收盘价为10元，最高价为10.82元。今天一开盘，价格就达到了10.5元，超过昨日收盘价0.50元。但没有超过昨日最高价，即没有发生跳空缺口高开的现象，此为高开。

跳空高开： 指今日开盘价格超过昨日最高价格的现象。例如，某股票昨日最高价格为10元，今天一开盘，价格就达到了10.5元。

低开： 指今日开盘价低于昨日收盘价但未低于最低价的现象。例如，某股票昨日最低价格为9.3元，收盘价为10.02元。今天一开盘，价格就低开为9.5元，低于昨日收盘价0.52元，但没有低于昨日最低价，即没有发生跳空

缺口低开的现象，此为低开。

跳空低开：指今日开盘价格低于昨日最低价格的现象。例如，某股票昨日最低价格为 10 元，今天一开盘，价格就低开为 9.5 元。

跳空缺口：指今日开盘价格超过昨日最高价格或今日开盘价格低于昨日最低价格的空间价位。例如，某股票昨日最高价格为 10 元，今天一开盘，价格就达到了 10.5 元，跳空缺口空间价位为 0.5 元，此为向上的跳空缺口。又如，某股票昨日最低价格为 10 元，今天一开盘，价格就低开为 9.5 元，跳空缺口空间价位为 0.5 元，此为向下的跳空缺口。

◎ 套牢、解套、割肉、止损

套牢：指买入股票后股价下跌造成账面损失的现象。例如，48 元买入中石油 100 股，结果该股后来跌到 10 元，此为套牢。

解套：指买入股票后股价下跌暂时造成账面损失，但是以后股价又涨回来的现象。例如，4 元买入中国石化 100 股，结果该股后来跌到 2 元，但是以后又涨到 20 元，此为解套。

割肉：指买入股票后股价下跌股民亏损斩仓出局造成实际损失的现象。例如，某股民 48 元买入中石油 100 股，结果该股后来跌到 20 元，买入的股民无奈卖出，此为割肉。

止损：指买入股票后股价下跌股民亏损斩仓出局以防股价进一步下跌造成更大损失的行为。例如，48 元买入中石油 100 股，结果该股第二天跌到 46 元。买入的股民预计该股可能还要下跌，于是 46 元果断割肉卖出 100 股，赔了 200 元，后来该股跌到了 10 元，如果股民不果断卖出，实际的损失更大为 3600 元。因此，及时止损是必要的，这点对新股民而言是非常不容易做到的，但是您必须学会止损，不能因小亏变大亏。

◎ 对敲、筹码、金叉、死叉

对敲：是典型的投机手段。投机者利用各种手段在许多营业部开设多个账户，然后以自己为交易对象进行不转移实际股票所有权的虚假交易的行为。例如，2000 年亿安科技冲上 100 元和 2001 年中科创业股价虚假操纵案都是典型的庄家对敲的骗局。

筹码：是对买进但暂时未卖出待价而沽的股票的俗称。例如，庄家手中有大量的筹码，就是指有大量的股票还没有卖出。

金叉（黄金交叉）：主要指（其他指标也适用）短期移动平均线向上穿过中期移动平均线或短期、中期移动平均线同时向上穿过长期移动平均线的走势图形中的交叉点，此交叉点是建仓的机会，所以把此交叉点称作黄金交叉，简称金叉。

死叉：主要指（其他指标也适用）短期移动平均线向下穿过中期移动平均线或短期、中期移动平均线同时向下穿过长期移动平均线的走势图形中的交叉点，此交叉点意味着股价要下跌，应该及时平仓，所以把此交叉点称作死叉。

◎ 买盘、卖盘、委买手数、委卖手数、委比

买盘：指买入股票的资金意愿和实际行为。例如，主力看好贵州茅台，于是大量买入该股，在盘口上显示资金正在介入该股，买盘积极。

卖盘：指卖出股票的资金意愿和实际行为。例如，主力看淡中国中铁，于是大量卖出该股，在盘口上显示资金正在退出该股，卖盘积极。

委买手数：指已经输入证交所主机电脑欲买进某股票的委托手数。现在营业部的终端电脑显示前五档委买手数，后边的委买手数一般股民看不到。例如，目前股民看到的买盘一、二、三、四、五，就是在不同价位揭示欲买入股票的手数。

委卖手数：指输入证交所主机电脑欲卖出某股票的委托手数。现在营业部的终端电脑只显示前五档委卖手数，后边的委卖手数一般股民看不到。例如，目前股民看到的卖盘一、二、三、四、五，就是在不同价位揭示欲卖出股票的手数。

委比：指通过对委买手数和委卖手数之差与委买手数和委卖手数之和的比率计算［（委买手数-委卖手数/委买手数+委卖手数）×100%］揭示当前买卖委托的动向。例如，某股票交易时，在它的买盘口，分别显示五档买盘，10元，有10手欲买入；9.99元，有12手欲买入；9.98元，有30手欲买入；9.97元，有40手欲买入；9.96元，有70手欲买入。在它的卖盘口，分别显示五档卖盘，10元，有10手欲卖出；10.01元，有12手欲卖出；10.02元，有20手欲卖出；10.03元，有16手欲卖出；10.04元，有2手欲卖出。此时委比=［（10+12+30+40+70）-（10+12+20+16+2）］÷［（10+12+30+40+70）+（10+12+20+16+2）］=45.95%。

这个45.95%是正值，表明该股买盘的力量大于卖盘，股价此时上升的可能性大；如果是-45.95%，则表明买盘的力量小于卖盘，股价此时上升的可能

性不大。值得注意的是：这是一种"可能性"，因为委比的情况时刻在发生变化，因此要灵活观察盘口的委比买卖动向，不要被一时的假象迷惑。

◎ 红盘、绿盘、平盘、回转交易（T+1）

红盘：红，代表股价上升，今日收盘价高于昨日收盘价，称作红盘报收。

绿盘：绿，代表股价下跌，今日收盘价低于昨日收盘价，称作绿盘报收。

平盘：股价基本上没涨没跌，称作平盘报收。通常用白色表示。

回转交易（T+1）：指股民买入的证券，在交收前不得卖出，通俗讲就是T+1（T 是指"Trade"交易的英文的第一个字母）。即当天买进的股票只能在第二天卖出，而当天卖出的股票确认成交后，返回的资金当天就可以买进股票。例如，您今天买进中国石油 100 股，只能明天卖出。如果您明天卖出中国石油 100 股并确认成交后，返回的资金您当天马上又可以买进该股或其他股票。

◎ 开盘价、最高价、最低价、收盘价

开盘价：当日该股票的第一笔成交价。股票的开盘价是通过集合竞价方式产生，不能通过集合竞价产生的，以连续竞价方式产生。

最高价：指股票当天最高成交的价格。

最低价：指股票当天最低成交的价格。

收盘价：沪深两所规定不同。上交所规定：证券的收盘价为当日该证券最后一笔交易前一分钟所有交易的成交量加权平均价（含最后一笔交易）。当日无成交的，以前收盘价为当日收盘价。

深交所规定：证券的收盘价通过集合竞价的方式产生。收盘集合竞价不能产生收盘价或未进行收盘集合竞价的，以当日该证券最后一笔交易前一分钟所有交易的成交量加权平均价（含最后一笔交易）为收盘价。当日无成交的，以前收盘价为当日收盘价。

但下列情形的除外：首次公开发行并上市股票、上市债券上市首日，其即时行情显示的前收盘价为其发行价；恢复上市股票上市首日，其即时行情显示的前收盘价为其暂停上市前最后交易日的收盘价或恢复上市前最近一次增发价；基金上市首日，其即时行情显示的前收盘价为其前一交易日基金份额净值（四舍五入至 0.001 元）；证券除权、除息日，其即时行情显示的前收盘价为该证券除权、除息参考价。

◎ K线、阳线、阴线、上影线、下影线、实体线

K线：用红、绿颜色分别表现股票的开盘、最高、最低、收盘价格的状态的图线（注：本书阳线用白色表示，阴线用黑色表示）。

阳线：当日股价收盘价高于开盘价。例如，某股票今天开盘价10元，收盘价10.11元，则今天某股票收为阳线。

阴线：当日股价收盘价低于开盘价。例如，某股票今天开盘价10元，收盘价9.81元，则今天某股票收为阴线。

上影线：当K线为阳线时，反映在K线图上就是上影线为当日最高价与收盘价之差；当K线为阴线时，上影线为当日最高价与开盘价之差的线段。

下影线：当K线为阳线时，反映在K线图上就是下影线为当日开盘价与最低价之差；当K线为阴线时，下影线为当日收盘价与最低价之差的线段。

实体线：当日收盘价与开盘价之差。如果收盘价高于开盘价，实体为红色柱体；反之为绿色（黑色）柱体。

例1：沪指某日开盘价1515点，最高价1530点，最低价1513点，收盘价1525点。则：上影线 = 1530−1525 = 5点，下影线 = 1515−1513 = 2点，实体线1525−1515 = 10点。此时可描述为：今日沪指收出一个上影线为5点，下影线为2点，实体为10点的阳线（见图1-2）。

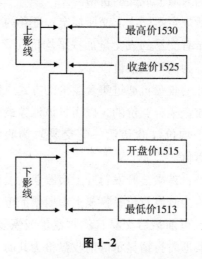

图1-2

例2：沪指某日开盘价2213点，最高价2226点，最低价2177点，收盘价

2183 点。则：上影线＝2226－2213＝13 点，下影线＝2183－2177＝6 点，实体线 2183－2213＝－30 点。此时可描述为：今日沪指收出一个上影线为 13 点，下影线为 6 点，实体为 30 点的阴线（见图 1-3）。

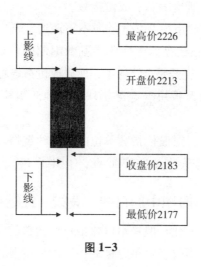

图 1-3

◎ 股票指数、股指编制、股票价格指数的点

股票指数（简称"股指"）是度量组成该指数的所有股票的市场平均价格水平及其变动情况的指标。根据不同覆盖范围，股指可分为综合指数和成份指数。通常将包括某证券交易所全部上市股票的指数称为该交易所的综合指数，而将部分股票组成的指数称为成份指数。

股指编制：一是抽样，在众多股票中根据一定的规则抽取少数具有代表性的成份股；二是新股上市何时计入指数，即新股上市首日到计入指数的时间间隔；三是加权方式，如按价格、总市值或自由流通市值加权等；四是计算方法，如算术平均或几何平均等。

上证综指和深证综指采用算术平均的总市值加权，新股上市后第 11 个交易日进入指数；沪深 300、中证 100 等中证系列指数，采用算术平均的自由流通市值加权，成份股按一定规则选取，一般于每年 1 月和 7 月的第一个交易日进行成份股定期调整。

沪深两所都各自编制自己的综合指数、成份指数、分类指数等证券指数。

综合指数一般用于反映宏观面和股市本身变化的趋势。它的编制原理是：

当日股价市值与基准日股价市值的比率。例如，沪指基准日定在 1990 年 12 月 19 日。今日即时指数＝上日收市指数×（今日总市值÷上日总市值）。

深交所于 1995 年 1 月 3 日最早开始编制深证成指并于同年 2 月 20 日实时对外发布。之后，上交所也编制了成份指数。

2005 年以前，我国股市中有 2/3 的股本不流通，所以综合指数反映股市的变化不太科学，而成份指数是以流通股为基数编制的，有一定合理性："谁流通，计算谁"。但是现在已经是全流通了，所以成份指数意义不大。

分类指数：按照股票板块（金融板块、房地产板块等）编制的指数，用于反映各自行业的态势。

股票价格指数的点：对股价指数单位的一种约定俗成的叫法。例如，昨天沪指收盘为 2200 点，今天收盘为 2300 点，上升了 100 点。

◎ 大盘和个股分时图中的白线、黄线、红绿柱线、黄色柱线

股市指数每秒都在变化，但是不可能把每秒指数的曲线变化都表现在股市的走势图上，曲线走势图仅显示每分钟的指数走势情况，这就是大盘指数曲线分时图。在大盘指数曲线分时图当中，有一条白色曲线和一条黄色曲线。

白色曲线：是大盘的实际指数，用股本加权平均法计算的指数，即用每个股票总股本乘以当日市价累计之和再除以每个股票的总股本之和，最后乘以基数，得出的指数。

黄色曲线：不含股本加权的指数，即不考虑股票盘子的大小，采用简单平均法计算的指数，将各股的市价之和除以市场的股票总数，最后乘以一个基数而得出指数。

例如，假设有两只股票组成的股票市场，A 股票股本为 1.23 万股，当日收市价 2.26 元；B 股票的股本为 2.48 万股，当日收市价为 1.40 元。基数为 1000 点。

如果用加权平均法计算，当日指数为［（1.23万股×2.26元+2.48万股×1.40元）/（1.23万股+2.48万股）］×1000＝1685.12（点）；

而用简单平均法计算，当日指数则为［（2.26元＋1.40元）/2］×1000＝1830.00（点）。

可见，股本权数对大盘指数影响较大，也更加反映了大盘的实际态势。因此当白线在黄线之上时，表示当日大多是大盘股领涨；反之，白线在黄线之下，表示当日主要是中小盘股上涨或是大盘股疲软。

红绿柱线：在红白两条曲线的红绿柱状线，是大盘当时所有股票的买盘与卖盘在数量上的比率。红柱线长，表示买盘力量大；绿柱线长，表示卖盘力量大。

黄色柱线：在红白曲线图下方，表示大盘每一分钟的成交量，单位是手（每手等于 100 股）。

个股曲线分时走势图的白色曲线和黄色曲线与大盘的白色曲线和黄色曲线含义不同，个股的白色曲线表示该种股票实时成交的价格。黄色曲线则表示该种股票实时成交的平均价格，当天成交总金额除以成交总股数。个股黄色柱线表示该股每一分钟的成交量。

个股的成交明细：显示个股动态每笔成交的价格和手数，在盘面的右下方显示（见图 1-4）。

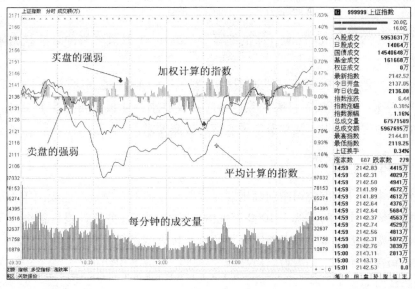

图 1-4

◎ 买卖股票要交什么税和交易费用、沪市的零散费用

股票交易费用是股民在买卖股票时支付的各种税收和费用，包括印花税、证券交易佣金、交易经手费、过户费等。

2008 年 9 月 19 日起，对证券交易印花税改为单边征收，只对卖出方（或继承、赠予 A 股、B 股股权的出让方）征收证券（股票）交易印花税，对买

入方（受让方）不再征税，税率是1‰。简单来说，买股票什么税也不交，卖股票只交印花税。如以3.15元卖出某股票2000股，应交印花税为：（3.15×2000）×1‰=6.3（元）。

证券交易佣金费（每个营业部规定不同，在0.2‰~1‰浮动），均以成交额为计算基数。

深沪两市佣金费是按成交金额一定比例收取的，如2‰（每个营业部规定不同），但沪市如不足10元，则最低收10元。

深市没有成交过户费，所以，零散买卖深市股票是合适的。

◎ 退市风险警示"*ST"、其他风险警示"ST"

风险警示有两种，一是终止上市的风险警示，简称"退市风险警示"，在公司股票简称前冠以"*ST"字样；二是其他风险警示，在公司股票简称前冠以"ST"字样。

ST是英文Special Treatment的缩写，*ST和ST股票价格的日涨跌幅限制为5%。

注意：创业板股票没有"退市风险警示"，即不在公司股票简称前冠以"*ST"字样，而是规定首次风险披露时点及要求创业板公司每5个交易日披露一次风险提示公告，强化退市风险信息披露要求。

◎ 暂停上市

简单来讲，上市公司净利润出现连续3年亏损的、净资产连续两年为负值的、营业收入连续两年低于1000万元的、连续两年财务会计报告被会计师事务所出具无法表示意见或者否定意见的审计报告的以及股票已经被*ST风险警示后公司在两个月内仍未披露应披露的年度报告或者中期报告的等，沪深两所就暂停其股票上市。

◎ 恢复上市

上市公司暂停上市后，如果在法定期限内披露了最近一年年度报告；最近一个会计年度经审计的扣除非经常性损益前后的净利润均为正值；最近一个会计年度经审计的营业收入不低于1000万元；最近一个会计年度经审计的期末净资产为正值；最近一个会计年度的财务会计报告未被会计师事务所出具保留意见、无法表示意见或者否定意见的审计报告；保荐机构经核查后发表明确意见，认为公司具备持续经营能力，公司具备健全的公司治理结构、运作规范、无重大内控缺陷等条件后，上市公司就可以恢复上市。

◎ 终止上市（退市）

如果上市公司其股票被暂停上市后，因净利润第四年还出现亏损的、净资产第三年还为负值的、营业收入第三年还低于 1000 万元的、第三年财务会计报告还是被会计师事务所出具无法表示意见或者否定意见的审计报告的等，就只能退市了。

◎ 创业板退市的特殊规定

由于创业板没有"退市风险警示处理"，而是强化了退市风险信息披露，针对暂停上市和终止上市情形，深交所规定首次风险披露时点及要求公司每 5 个交易日披露一次风险提示公告。深交所对创业板的退市规定是：上市公司出现净利润最近 3 年连续亏损；最近 1 个年度的财务会计报告显示当年年末经审计净资产为负；最近 2 个年度的财务会计报告均被注册会计师出具否定或者无法表示意见的审计报告的等，就要暂停上市。

如果创业板上市公司消除了以上暂停上市的隐患后，就可以申请恢复上市。深交所将在受理暂停上市公司恢复上市申请后的 30 个交易日内，做出是否核准其股票恢复上市申请的决定。

如果创业板上市公司没有消除以上暂停上市的隐患，而且未能在法定披露期限内披露暂停上市后首个年度报告；净利润第四年还是为负、净资产第二年还是为负；暂停上市后年度披露的首个半年度财务会计报告还是被注册会计师出具否定或者无法表示意见的审计报告；公司最近 36 个月内累计受到深交所 3 次公开谴责；公司股票连续 120 个交易日通过深交所交易系统实现的累计成交量低于 100 万股（因深交所对新股交易采取特别交易或者停牌制度所导致的除外）；公司股票连续 20 个交易日每日收盘价均低于每股面值等，就只能终止上市（退市）了。

◎ 风险警示板和退市整理期的区别

上交所设置了风险警示板，深交所没有设置。进入风险警示板交易的股票有两类，一是被实施风险警示的股票，包括 ST 公司、*ST 公司，简称"风险警示股票"；二是被做出终止上市决定，但仍处于退市整理期尚未摘牌的股

票，在股票简称前冠以"退市"标志。

可见，上交所被实施退市风险警示的股票，并非退市整理股票。

风险警示股票和退市整理股票的共同点是：都在风险警示板交易，单独显示行情；股民只能通过限价委托的方式进行交易，不能使用市价委托。而区别是：

（1）交易期限不同。进入退市整理期的股票实际可交易时间是 30 个交易日，整理期间原则上公司股票不停牌。如有特殊原因需要全天停牌的，累计停牌天数不可超过 5 个交易日。其间公司股票全天停牌的，不计入 30 个交易日内。但全天停牌的交易日总数最多不能超过 5 个交易日，以防止出现"停而不退"的情况。之后，便会对该股票进行摘牌，并根据退市公司的选择和申请，移至退市公司股份转让系统或其他合格场外市场进行股份转让。而风险警示股票则没有交易期限的规定。

（2）涨跌幅限制不同。风险警示股票价格的涨跌幅限制为 5%，退市整理股票价格的涨跌幅限制为 10%，但 A 股前收盘价格低于 0.05 元人民币的，其涨跌幅限制为 0.01 元人民币，B 股前收盘价格低于 0.005 美元的，其涨跌幅限制为 0.001 美元。公司股票的简称将后缀"退"字，但交易时间、买卖申报、买卖委托、竞价等均与主板、中小企业板和创业板现有交易模式相同。

（3）信息披露频率不同。上市公司股票进入退市整理期后，公司需分别于其股票进入退市整理期前、整理期交易首日、整理期交易前 20 交易日中的每 5 个交易日、最后 5 个交易日的每日进行公告。对于风险警示股票，其信息披露频率与主板股票一致。

（4）信息公布不同。一是风险警示股票当日换手率达到 30% 的，属于异常波动，证交所可对其实施盘中停牌，直至当日收盘前 5 分钟。二是限制单一账户买入数量，即单一账户当日累计买入单只风险警示股票的数量不得超过 50 万股。三是风险警示股票，连续 3 个交易日内日收盘价格涨跌幅偏离值累计达到 ±15% 的，证交所将分别公告该股票交易异常波动期间累计买入、卖出金额最大 5 家会员营业部的名称及其买入、卖出金额。对于退市整理股票，上交所将专门公布其当日买入、卖出金额最大的 5 家会员证券营业部的名称及其各自的买入、卖出金额。退市整理股票其退市整理期间交易不纳入沪深两所指数的计算。

（5）退市选择途径不同。面对退市，上市公司董事会应当选择以下议案之一提交股东大会审议：

第一项，继续推进重大资产重组等重大事项且股票不进入退市整理期交易；终止重大资产重组等重大事项且股票进入退市整理期交易。

选择前款第一项议案的，如经股东大会审议通过，证交所将在作出终止上市决定后 5 个交易日届满的次一交易日起，直接终止公司股票上市，不再安排退市整理期交易；如审议未通过的，证交所将在作出终止上市决定后 5 个交易日届满的次一交易日起，安排公司股票进入退市整理期。

第二项，如果选择第二项议案的，如经股东大会审议通过，证交所将在作出终止上市决定后 5 个交易日届满的次一交易日起，安排公司股票进入退市整理期；如审议未通过的，证交所将在作出终止上市决定后 5 个交易日届满的次一交易日起，直接终止公司股票上市，不再安排退市整理期交易。

股东大会审议议案，股民可以网络投票，且应当经出席会议的股东所持表决权的 2/3 以上通过。公司未在规定的期限内召开股东大会的，其股票不进入退市整理期交易。规定期限届满后的 5 个交易日内，对公司股票予以摘牌。

注意：上市公司在退市整理期间不得筹划、实施重大资产重组等事项，以防范借重组概念恶炒退市整理期股票的现象。但是无论上市公司是否选择进入退市整理期、是否终止重大重组，只影响公司股票在摘牌前是否有最后 30 个交易日期限的交易机会，不会改变公司股票到期摘牌被终止上市的结果。

选择不进入退市整理期交易的公司，其公司股票将进入全国性场外交易市场转让股份。

2013 年，*ST 炎黄和*ST 创智退市就采用了"不进入退市整理期交易而继续筹划或推进重组进程"的办法。*ST 创智 2 月 8 日摘牌，4 月 22 日进入全国中小企业股份转让系统交易，代码为 400059。*ST 炎黄 3 月 27 日退市，6 月 4 日进入全国中小企业股份转让系统交易，代码为 400060。

（6）股民参与退市股票买卖要求：必须具备两年以上证券投资经历和 50 万元以上的资产规模；沪市规定只许卖，不许买；必须通过书面或电子形式签署《风险警示股票风险揭示书》后，才能申请购买风险警示股票；签署《退市整理股票风险揭示书》后，才能申请购买退市整理股票。股民每次提交买入退市整理股票的委托前，必须阅读并确认风险提示。客户提交买入退市整理股票的委托时，会员应当采取有效方式向其充分提示风险；公司将按规定多次以公告方式披露其股票将退市的风险。

◎ 上市公司退市怎么办

股票退市后，股民也不是无路可退，股票在退市整理期届满后的 45 个交

易日内进入了全国中小企业股份转让系统（俗称三板），股民可以到那里去转让股票。例如，2001 年水仙电器、粤金曼、深中浩先后退市，之后到三板转让，其股价也发生过暴涨。2013 年，ST 创智（三板代码：400059）、ST 炎黄（三板代码：400060）也到三板转让。

作为持有退市股票的普通股民如何参与退市三板交易呢？这需要股民具有 3 年以上股票投资经验、证券及资金账户不低于 50 万元。否则，股民仅能通过股份转让系统卖出其之前已持有的退市公司股份，而不能再通过转让系统买入该公司股份或者参与其他公司的股份转让，即只能卖出，不能买入。券商要建立股民资质审查制度，对股民进行前端控制。

◎ 市值配售申购新股、申购新股冻结的资金利息归谁

市值配售新股：根据股民持有的一定市值确定其网上可申购的额度，即沪市每 10000 元市值、深市每 5000 元市值配一个申购单位（上海为 1000 股，深圳为 500 股）的原则计算股民可申购额度，上海市值不足 10000 元、深圳市值不足 5000 元的部分不计算可申购额度。如果同一天有多只股票发行的，此申购额度对股民申购每一只股票均适用，即市值可以重复使用，如同一天有多只新股发行的，股民可以用已确定的市值参与多只新股的申购。

沪深两所 T-2 日日终，计算前 20 日的日均市值，然后 T-1 日发送可申购额度给券商，股民就可在 T 日到托管券商处查询自己的市值。

不合格、休眠、注销和无市值证券账户不能参与新股申购。

申购新股采用市值配售，空仓不能申购新股，股票账户内要留有一定数量的资金，即申购新股，一要有股票；二要有钞票。同时，股民申购数量不能超过主承销商规定的申购上限，且不得超过持有市值对应的可申购额度。市值配售新股给予配号后，最终以摇号抽签的方式确定股民的获配股数，上交所和深交所规定大同小异。

上交所规定：每一个申购单位为 1000 股（每 1000 股给一个配号），申购数量应当为 1000 股或其整数倍，但最高不得超过当次网上初始发行股数的 1‰（不足 1000 股舍去），且不得超过 9999.9 万股。深交所规定：每一个申购单位为 500 股（每 500 股给一个配号），申购数量应当为 500 股或其整数倍，最高不得超过当次网上初始发行股数的 1‰（不足 500 股舍去），且不得超过 999999500 股。

例如，我武生物 2014 年发行股份总数是 2525 万股，其中，新股发行股

数为 1100 万股，老股转让股数为 1425 万股，回拨前网下发行数量为 1515 万股，占本次发行数量的 60%，所以网上初始发行数量为 1010 万股（2525 减去 1515）。参与此次网上申购的单一证券账户申购委托不少于 500 股，超过 500 股的必须是 500 股的整数倍，但不得超过网上初始发行股数的 1‰，即 10100 股，由于必须是 500 股的倍数，所以 100 股舍去，申购上限定为 10000 股。

沪深两所市值分开计算申购新股，即沪市市值仅能申购沪市发行的新股，深市市值仅能申购深市发行的新股。

市值计算：T-2 日前 20 个交易日（含 T-2 日）的日均持有市值。如果股民相关证券账户开户时间不足 20 个交易日的，按 20 个交易日计算日均持有市值。例如，在 T-2 日前 20 个交易日，王股民持有某只股票 5000 股，该股票"在 T-2 日前 20 个交易日"的收盘价平均为 5 元/股，王股民持有的股份市值为 25000 元。

T 日就是网上申购日，T-2 日，就是申购的前两个交易日。

纳入计算的市值：指的是股民持有的股市（深圳包括主板、中小板和创业板）非限售 A 股股份市值，还包括融资融券客户信用证券账户的市值和证券公司转融通担保证券明细账户的市值，但是不包括 B 股股份、基金、债券、优先股或其他限售 A 股股份的市值。融资融券客户信用证券账户的市值虽然可以合并计算到股民的市值中用于申购新股，但是，该客户信用证券账户不能用于申购新股。

需要注意：一是首次公开发行新股形成的非限售 A 股如果无相应收盘价，则不计算市值；二是不合格、休眠和注销证券账户不计算市值。至于投资者持有的非限售 A 股股份发生司法冻结、质押以及存在上市公司董事、监事、高级管理人员交易限制的，不影响市值的计算。

如果 T 日有多只新股发行，上交所的同一股民可以通过其指定交易的证券公司查询其市值或可申购量；深交所股民同一证券账户多处托管的，其市值合并计算，投资者持有多个证券账户的，多个证券账户的市值合并计算。

以苏州纽威阀门股份有限公司为例，该股票发行时间安排是：询价推介时间 2014 年 1 月 2 日~1 月 6 日，定价公告刊登日期 2014 年 1 月 8 日，网下申购日期和缴款日期 2014 年 1 月 8 日~1 月 9 日，网上申购日期和缴款日期 2014 年 1 月 9 日。

首次公开发行股票后总股本 4 亿股（含）以下的，网下初始发行比例不

低于本次公开发行股票数量的60%；发行后总股本超过4亿股的，网下初始发行比例不低于本次公开发行股票数量的70%。例如，新宝股份2014年发行后总股本超过了4亿股，此次发行股份数量为7600万股，所以网下初始发行数量为发行数量的70%，即5320万股。而我武生物总股本在4亿股以下，所以它2014年发行股份数量为2525万股（包括发行新股和老股转让），而网下发行数量占本次发行数量的60%，即1515万股。

注意：一个股民只能用一个证券账户进行一次申购，股民在进行申购委托前需足额缴款，股民申购量超过其持有市值对应的网上可申购额度部分为无效申购。新股申购一经沪深两所交易系统确认，不得撤销。

以深交所为例：甲公司和乙公司同时定于T日在深交所进行网上申购，网上发行量分别为5000万股和2000万股，按1‰计算，则申购上限分别为5万股和2万股，发行价格都为10元。

1. 计算持股市值和可申购额度

T-2日收市后，按T-2前20个交易日（含T-2日）的日均持有市值计算，股民张某持有深圳市场非限售A股股份的总市值为20.9万元，则张某能够获配41个（号）申购单位（20.9万元/0.5万元），可申购新股41×500＝20500股，其可申购额度少于甲公司的5万股申购上限，却超过了乙公司的2万股申购上限。因此，张某最多只能申购甲公司20500股，乙公司20000股，超过部分为无效申购（沪市是每1万元市值对应一个申购单位，深市是5000元对应一个申购单位）。

2. 发行申购

T日，张某向资金账户内足额存入了405000元，然后在交易时间内向深交所申购了甲公司20500股和乙公司20000股新股。

3. 配号

T+1日，中国结算公司对申购资金进行冻结和验资，根据实际到账的申购资金确认有效申购总量，按每申购单位配一个号，对所有有效申购按时间先后顺序连续配号。张某对甲公司和乙公司的申购都是有效的，分别包括41个（20500/500）和40个（20000/500）申购单位，所以他获得了41个甲公司的配号和40个乙公司的配号。之后，由主承销商根据申购总量决定是否需要摇号抽签，如果申购量大于发行量，就要摇号，张股民是否中签，就看运气了。

机构和股民在网下、网上申购新股时，全部申购款在3～4天被冻结，

2007~2012 年，平均冻结资金为 2852.17 亿元，其 4 天产生的利息 1000 多万元，这些相当可观的利息，最后全部归证券投资者保护基金所有。

◎ 新股上市的特别规定：实行临时停牌制度

特别提醒：由于沪深两所对新股上市的规定经常发生变化，因此本书出版后和您买了本书后，如果其发生变化，请股民及时按照最新的规定执行，本书对新股上市的规定朝令夕改无能为力，只能在下一本新书中予以介绍。

由于新股的特殊性，如上市首日不实行 10% 涨跌停板制度等，因此沪深两所 2014 年 6 月有专门规定：新股上市首日盘中成交价较当日开盘价首次上涨或下跌达到或超过 10% 的，临时停牌时间为 30 分钟，复盘后成交价较当日开盘价仅允许再上升 20%，但是不停牌。第二天则开始实施 10% 涨跌幅制度。连续竞价阶段，有效申报价格不得高于发行价格的 144% 且不得低于发行价格的 64%。有效申报价格范围的计算结果按照四舍五入的原则取至 0.01 元。

第四节　股票、股份公司、证券市场扩展知识

◎ 股票、股份有限责任公司

股票：指公司签发的证明股东所持股份的凭证。过去确实有一张"纸"作为股票，现在沪深证交所股票实行无纸化，是电子记账式股票了，所以您已经看不到这张"纸"了。您的电子记账式股票由证券交易所代您委托保管，简称托管。

股份有限责任公司：指全部资本分为等额股份，股东以其持有股份为限，对公司承担有限责任。公司以其全部资产对公司的债务承担有限责任。所谓有限责任，通俗指，您有公司 1000 股股票，那么您承担的公司责任为"1000 股"有限的责任。依法设立的股份有限公司，必须在公司名称中标明股份有限公司或者股份公司字样，必须依法制定公司章程，公司营业执照应当载明公司的名称、住所、注册资本、实收资本、经营范围、法定代表人姓名等事项。

◎ 上市公司股本

上市公司股本：也称上市公司总股本，指统计期末上市公司发行的全部股份数量合计。本书上市公司股本仅指上市公司在境内发行的股份数量，包括 A 股股本、B 股股本和其他不流通的境内股本。

A 股股本：指上市公司发行的人民币普通股票数量。

B 股股本：指上市公司发行的人民币特种股票（人民币标示面值，以外币购买和交易的股票）数量。

◎ 股东和股民

您合法购买了某公司的股份，您就是该公司的股东。按其股份，您相应有责任、义务、权利、利益、风险等，即同股、同权、同责、同利、同险。

股民是一种俗称，指经常活跃在股市进行买卖股票、赚取差价的群体。股民和股东的差别是：股东相对比较固定，而股民流动性强。所以有一个说法，炒股炒成了股东。意思是，某股民买了股票后被套，由此停止了频繁的交易，由股民变为股东。

◎ 专业股民（机构投资者）和普通股民

根据资金量大小、证券投资知识水平、投资经验、风险承受能力等情况，分为专业投资者和普通投资者。专业股民（机构投资者）包括商业银行、证券期货经营机构、保险机构、信托公司、基金管理公司、财务公司、合格境外机构投资者等专业机构及其分支机构；社保基金、养老基金、投资者保护基金、企业年金、信托计划、资产管理计划、银行及保险理财产品、证券投资基金等。

专业股民以外的其他股民，就是普通股民了。

◎ 中国证监会的职能

国务院证券监督管理机构（中国证监会）依法对证券市场实行监督管理，维护证券市场秩序，保障其合法运行。中国证监会的主要职责是：依法制定有关证券市场监督管理的规章、规则，并依法行使审批或者核准权；依法对证券的发行、上市、交易、登记、存管、结算，进行监督管理；依法对证券发行人、上市公司、证券公司、证券投资基金管理公司、证券服务机构、证券交易所、证券登记结算机构的证券业务活动，进行监督管理；依法制定从事证券业务人员的资格标准和行为准则，并监督实施；依法监督检查证券发行、上市和交易的信息公开情况；依法对违反证券市场监督管理法律、行政法规的行为进行查处等。

中国证监会是国务院直属正部级事业单位，设主席、副主席、纪委书记、主席助理。设有股票发行审核委员会，委员由中国证监会专业人员和所聘请的会外有关专家担任。中国证监会在省、自治区、直辖市和计划单列市设立36个证券监管局以及上海、深圳证券监管专员办事处。

◎ 什么是证券交易所

证券交易所：为证券集中交易提供场所和设施，组织和监督证券交易，实行自律管理的法人。证券交易所的设立和解散，由国务院决定。

证券交易所设理事会。证券交易所设总经理一人，由国务院证券监督管理机构任免。

证券交易所应当为组织公平的集中交易提供保障，公布证券交易即时行情，并按交易日制作证券市场行情表，予以公布。未经证券交易所许可，任何单位和个人不得发布证券交易即时行情。

◎ 如何召开股东大会

股份有限公司股东大会由全体股东组成。股东大会是公司的权力机构，股东大会应当每年召开一次年会。有下列情形之一的，应当在两个月内召开临时股东大会：

（1）董事人数不足本法规定人数或者公司章程所定人数的2/3时；

（2）公司未弥补的亏损达实收股本总额1/3时；

（3）单独或者合计持有公司10%以上股份的股东请求时；

（4）董事会认为必要时；

（5）监事会提议召开时；

（6）公司章程规定的其他情形。

股东大会会议由董事会召集，董事长主持；董事长不能履行职务或者不履行职务的，由副董事长主持；副董事长不能履行职务或者不履行职务的，由半数以上董事共同推举一名董事主持。

董事会不能履行或者不履行召集股东大会会议职责的，监事会应当及时召

集和主持；监事会不召集和主持的，连续 90 日以上单独或者合计持有公司 10%以上股份的股东可以自行召集和主持。

召开股东大会会议，应当将会议召开的时间、地点和审议的事项于会议召开 20 日前通知各股东；临时股东大会应当于会议召开 15 日前通知各股东；发行无记名股票的，应当于会议召开 30 日前公告会议召开的时间、地点和审议事项。

单独或者合计持有公司 3%以上股份的股东，可以在股东大会召开 10 日前提出临时提案并书面提交董事会；董事会应当在收到提案后 2 日内通知其他股东，并将该临时提案提交股东大会审议。临时提案的内容应当属于股东大会职权范围，并有明确议题和具体决议事项。

股东可以委托代理人出席股东大会会议，代理人应当向公司提交股东授权委托书，并在授权范围内行使表决权。

◎ 中小股民是否需要参加股东大会

中小股民参加股东大会是直接了解上市公司的最好机会，因为你可以直接面对面与上市公司的管理层进行沟通，这种机会你平时不可能实现。而且，中小股民完全有可能否定大股东的议案。2012 年，就有闽东电力、现代投资、安纳达、渝三峡 A、格力电器、武钢股份等多起中小股东参加股东大会，最后投反对票否决了大股东的议案。

可是现在中小股民很少参加股东大会，特别是参加外地的股东大会牵涉路费等问题，但是我建议，中小股民最好还是抽出时间，起码参加一下您所在地的上市公司的股东大会。

◎ 股东的表决权：50%才可以通过议案

股东出席股东大会会议，所持每一股份有一表决权。但是，公司持有的本公司股份没有表决权。

股东大会做出决议，必须经出席会议的股东所持表决权过半数（50%）通过。例如，2012 年 5 月 18 日，武钢股份召开股东大会审议一项武钢股份 450 亿元日常关联交易的议案，由于持有约 66 亿股的大股东武钢集团必须回避表决，因此，共有 1.64 亿股对该议案投票反对，反对率为 65%，武钢股份关联交易议案没有通过。

如果股东大会做出修改公司章程、增加或者减少注册资本的决议以及公司合并、分立、解散或者变更公司形式的决议，必须经出席会议的股东所持表决权的 2/3 以上通过。

◎ 上市公司召开股东大会是否必须提供网络投票方式

管理层鼓励设立股东大会网络投票系统，方便股东行使表决权。但是不一定要网络投票。

上市公司召开股东大会审议议案时，除现场会议投票外，有些议案必须给中小股民提供网络投票方式，如向社会公众增发新股（含发行境外上市外资股或其他股份性质的权证）；发行可转换公司债券；上市公司重大购买的资产总价较所购买资产经审计的账面净值溢价达到或超过 20% 的；在上市公司发展中对社会公众股股东利益有重大影响的相关事项；重大资产重组；股权激励；股份回购等，都必须提供网络投票方式。

对于创业板，深交所还增加了一条规定：一年内购买、出售重大资产或担保金额超过公司最近一期经审计的资产总额 30% 的，也必须采取网络投票方式表决。

图 1-5　李几招在中央电视台分析股市

不过，中小股民网络投票的积极性不高，2010~2012 年，股东大会实行网络投票，股东平均参与率不到 0.25%。

◎ 股民如何与中国证监会和沪深证券交易所沟通

股民如果要反映或咨询问题，中国证监会邮箱：gzly@ csrc. gov. cn；中国

证监会热线电话：010-12386；中国证监会官方网站投资者保护栏目——12386热线频道；中国证监会股民投诉电话：010-66210166，010-66210182。

沪深两所全国统一的服务热线电话：上交所：400-8888-400；深交所：400-808-9999。

更多沟通方式详见本书最后附录"中国证监会等管理层联系方式"。

第二大招 技术指标板块

（实战讲解 几招搞定）

此板块重点介绍常见的 K 线形态和技术指标，如十字星、圆弧底、MACD、威廉指标等。但提醒读者注意的是：因为股市确实无任何规律可循，再加上技术指标被公开化后，已经有钝化的现象，不能完全按书中所讲操作，死守教条。股民在运用时要注意现场灵活发挥，同时要多结合基本面、题材面等综合因素考虑，最好自己能总结出一套规律，那才叫制胜之招！

特别说明：技术指标它不神秘，您别让那些高谈阔论的专家唬住，许多技术指标一点即破。因此，股民掌握它不难，让"神秘"的技术指标走下"神坛"是完全可能的。

我相信，您只要融会贯通，加强实战学习，神秘技术指标，几招搞定。

第一节 移动平均线

◎ 基本概念

移动平均线（MA）指一定时期内的股价（成交额、成交量）之和与此时期的比值数。例如，中国联通某年 10 月 13 日到 10 月 17 日股票 5 天的收盘价（用成交额、成交量也可以）分别为 3.22 元、3.21 元、3.2 元、3.18 元、3.22 元。由此计算该股的平均价为：（3.22+3.21+3.20+3.18+3.22）÷5 = 3.21 元。该股的 5 日平均价格为 3.21 元。简单表示为 MA（5）= 3.21 元。如果将若干个 5 日平均线累计连续画出，则形成了该股的 5 日平均曲线。如果我们需要 10 日、20 日、30 日、N 日……的平均线，将其数字和日期取其 N 日计算即可。

◎ 基本作用

移动平均线是股市实战经常运用的指标。一般而言，5 日到 20 日的移动平均线是短期移动平均线；30 日到 100 日移动平均线是中期移动平均线；100 日以上则为长期移动平均线。如果短期移动平均线上穿中期移动平均线，一般认为，股价处于上涨的态势，股民可建仓或持仓等待盈利；反之则相反。如果中期移动平均线上穿长期移动平均线，说明股价还有上涨的可能，但是毕竟上涨的时间很长了，此时要注意股价下跌的可能；反之，如果中期移动平均线下穿长期移动平均线，说明股价还有下跌的可能，但是毕竟下跌的时间很长了，此时要注意股价见底反弹的可能。

美国人葛南维研究用股价和移动平均线之间上下交换位置来决定买卖股票的八原则。

原则一：平均线由降转升，买进。

原则二：平均线上升，股价略下跌，买进。

原则三：平均线上升，对股价有支撑；股价也上升，买进或持有。

原则四：平均线下降，股价加速下降，并持续一定时间企稳后，买进。

以上四原则是买进原则，以下是卖出四原则：

原则一：平均线由升转降，卖出。

原则二：平均线下降，股价上升，卖出。

原则三：平均线对股价有压力，卖出。

原则四：平均线和股价强烈上升并持续一段时间，卖出。

◎ 实战运用

中国联通（600050，见图 2-1），某年 1~9 月，5 日平均线一直与 10 日线、20 日线平均线缠绕，显示股价难有作为。之后，10 月，5 日线开始穿越 10 日线、20 日线，该股有上涨的迹象，此时可建仓。结果股价从当年 9 月的 3 元左右涨到第二年 1 月的 5 元左右，上涨了 67% 左右。如果 5 日线开始下穿 10 日线、20 日线、100 日线，原则上应该平仓。

移动平均线用成交量计算可以从另一方面考察股价趋势。如果和股价的移动平均线结合分析则更为客观。

图 2-1 中国联通的移动平均线示意

第二节 K 线形态实战应用

◎ 千姿百态的 K 线形态

K 线是用红、绿线（本书用白色代表红 K 线，黑色代表绿 K 线）分别表现股票的开盘、最高、最低、收盘价格状态的图线。由于它的形状像蜡烛，所以又称蜡烛曲线图。英文蜡烛拼法为 Candle，曲线英文拼法为 Curve，发音均为"K"，所以简称 K 线图。

1. 阳线

收盘价高于开盘价，K 线图的实体为阳线，在电脑屏幕上 K 线图用红色表示。例如，明星电力（600101，见图 2-2），某年 1 月 29 日，收盘价为13.46 元，开盘价为 12.77 元。收盘价高于开盘价，K 线图的实体为阳线，在电脑屏幕上明星电力的 K 线图用红色表示。

图 2-2　明星电力的阳线

2. 阴线

收盘价低于开盘价，K 线图的实体为阴线，在电脑屏幕上 K 线图用绿色表示。例如，恒瑞医药（600276，见图 2-3），某年 1 月 14 日，收盘价为 8.97元，开盘价为 9.10 元。收盘价低于开盘价，K 线图的实体为阴线，在电脑屏幕上恒瑞医药的 K 线图用绿色表示。

3. K 线实体

开盘价与收盘价之间的距离实体。如果收盘价高于开盘价，K 线图的实体为阳线，在电脑屏幕上 K 线实体用红色柱体表示；如果收盘价低于开盘价，K线图的实体为阴线，在电脑屏幕上 K 线实体用绿色柱体表示。如明星电力（600101，见图 2-2）的 K 线图用红色柱体表示；恒瑞医药（600276，见图 2-3）的 K 线图用绿色柱体表示。

4. 光头光脚大阳线

股价开盘价为最低价，收盘价为最高价的特大红色柱体 K 线形态。例如，某年 1 月 14 日，招商银行（600036，见图 2-4）的开盘价为 8.53 元，此价为最低价，然后一路上涨，收盘价为 9.38 元，此价为最高价。结果 K 线图表现出一根 0.85 点的特大红色柱体光头光脚大阳线。

图 2-3　恒瑞医药的阴线

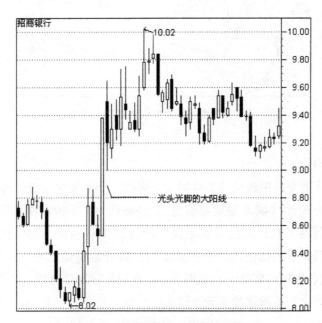

图 2-4　招商银行光头光脚的大阳线

5. 光头光脚大阴线

股价开盘价为最高价，收盘价为最低价的特大绿色柱体 K 线形态。例如，某年 1 月 21 日，中国联通（600050，见图 2-5）的开盘价为 3.30 元，此价为最高价，然后一路下跌，收盘价为 3.16 元，此价为最低价。结果 K 线图表现出一根 0.14 点的特大绿色柱体光头光脚大阴线。

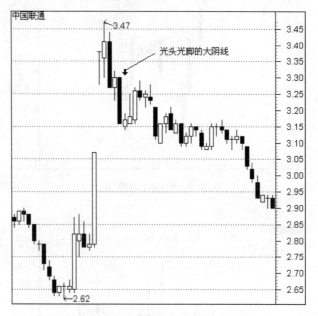

图 2-5　中国联通光头光脚的大阴线

6. 上影线

K 线实体上方一根较长的实线即为上影线。如果发生在股价顶部带有较长上影线的红色 K 线（绿 K 线更要警惕），一般认为，股价在顶部做最后的冲锋后，可能会逐渐下跌；而如果发生在股价底部带有较长上影线的红色 K 线，一般认为，股价在底部做进一步的夯实后，将开始逐渐上涨。又如，某年 12 月 15 日，威远生化（600803，见图 2-6）在股价顶部带有较长上影线的 K 线，此时可平仓。之后该股连续 4 天下跌。

7. 下影线

K 线实体下方一根较长的实线即为下影线。如果发生在股价顶部带有较长下影线的绿色 K 线，一般认为，股价在顶部做最后的冲锋后，可能会逐渐下跌；而如果发生在股价底部带有较长下影线的红色 K 线，一般认为，股价在底部做进一步的夯实后，将开始逐渐上涨。例如，某年 1 月 7 日，威远生化（600803，见图 2-6）发生在股价底部带有较长下影线的红色 K 线，此时可以建仓。之后该股连续上升，1 月 30 日，该股价上涨到最高价 6.31 元。

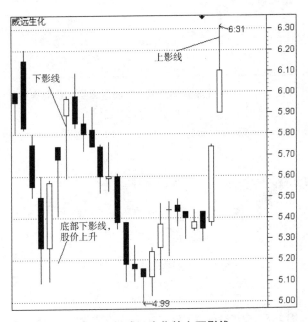

图 2-6 威远生化的上下影线

8. 十字星

十字星是 K 线图中经常出现的一种形态，其特征是，上下影线长度基本一致，中间实体较短，表明开盘价与收盘价相当。一般认为，十字星在底部出现，是较好的买入点；在顶部出现，应及时卖出。现举例说明：

某年 7 月 10 日，有研硅股（600206）在底部出现了十字星，股价为 8.45元，此时应该考虑买入。果然过了几天，该股价暴涨到 11 元左右（见图 2-7）。

如果顶部出现十字星，就要赶紧卖出。例如，安琪酵母（600298），某年 7 月 20 日，股价为 26.48 元，在顶部出现了十字星，此时要考虑卖出。果然过了几天，该股价暴跌到 21 元左右（见图 2-8）。

可见，底部、顶部出现十字星（阴阳星问题不大）是股价转向的信号。

需要注意的是，十字星出现也有例外情况，不能教条运用十字星原理，还

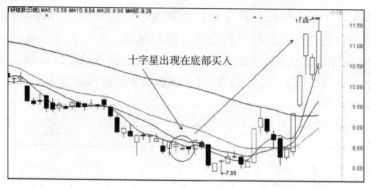

图2-7 有研硅股底部出现十字星赶紧买入获利丰厚

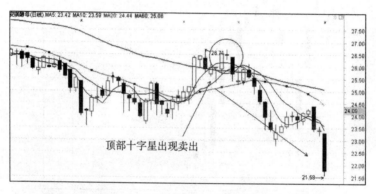

图2-8 安琪酵母在顶部出现了十字星赶紧卖出获利了结

要结合其他具体情况分析。总体上讲，十字星原理还是比较实用的。

9. 早晨之星

发生在股价底部由阴转阳的红色K线。一般认为，阳星出现在底部，表示太阳出来了，是股价上涨的迹象。例如，云维股份（600725），某年1月7日，K线由阴转阳，早晨之星出现，此时意味着股价开始回升，可考虑建仓。1月30日，股价升到最高价8.58元（见图2-9）。

10. 黄昏之星

发生在股价顶部由阳转阴的绿色K线。一般认为，阴星出现在顶部，表示太阳就要落山了，是股价下跌的迹象。例如，云维股份（600725），某年11月27日，K线由阳转阴，黄昏之星出现，此时意味着股价开始下跌。12月22日，该股跌到了8元左右（见图2-9）。

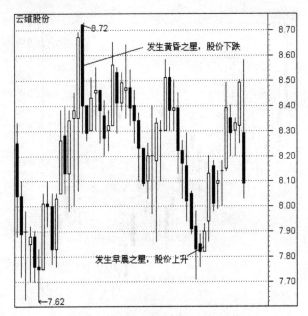

图 2-9　云维股份的早晨之星和黄昏之星

11. 锤头

K 线类似一把锤头。一般认为，顶部出现锤头，表示锤头压顶，是股价下跌的迹象。例如，韶能股份（000601，见图 2-10），某年 7 月 25 日、29 日，连续出现 2 个锤头，表示锤头压顶。后来该股开始下跌。

12. 倒锤头

K 线类似倒放的一把锤头。一般认为，底部出现锤头，表示锤头托底，是股价上涨的迹象（000601，见图 2-10）。

13. 穿头破脚

后一个 K 线的上、下影线（头部和脚部）超过前一个 K 线上、下影线的 K 线形态。一般认为，在股价底部（顶部）的组合 K 线中，如果底部（顶部）出现穿头破脚的 K 线形态，是股价上涨（下跌）的迹象。例如，汉商集团（600774，见图 2-11），某年 6 月 8 日、7 月 18 日、7 月 30 日，3 次在底部出现了穿头破脚的 K 线形态此时应该买入。某年 7 月 23 日，该股在顶部出现穿头破脚的 K 线形态，是股价下跌的迹象，应该卖出。

图 2-10　韶能股份的锤头、倒锤头

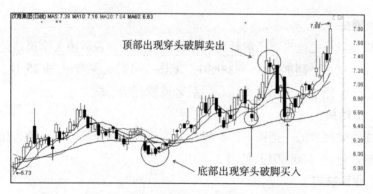

图 2-11　汉商集团的穿头破脚买入、卖出

14. 红三兵

K 线连续出现三根阳线。一般认为，红三兵发生在股价底部，是股价上涨的迹象。例如，长安汽车（000625，见图 2-12），某年 9 月 16 日，底部连续出现了红三兵，股价后来出现了上涨。

图 2-12　长安汽车的红三兵

15. 黑三兵

K 线连续出现三根阴线。一般认为，黑三兵发生在股价顶部，是股价下跌的迹象。例如，长安汽车（000625，见图 2-13），某年 7 月 17 日开始，顶部连续出现了黑三兵，股价后来出现了下跌。

图 2-13　长安汽车的黑三兵

16. 双底买入、双头卖出

双底和双头是在 K 线图上分别构成两个底部和头部形状。当股价走势积累出双底（双头）后，应果断买进（卖出）股票。

例如，西南证券（600369），某年 2 月~4 月，构筑了两个底部，股价为 8 元左右，因此，考虑买进。5 月下旬到 6 月上旬，该股价达到 12.5 元左右，并构筑了双头，此时应迅速卖出股票。以后的实际证明，到 8 月下旬，股价已跌到 8 元左右（见图 2-14）。

当然，如果构成三重底（三重顶），则买进（卖出）的时机就更好。

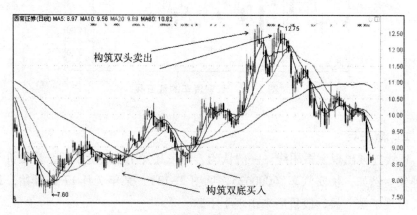

图 2-14　西南证券双底买进，双头卖出

17. 三重底

3 次出现探底企稳的 K 线形态。一般认为，三重底是股价底部整固结果，是股价上涨的迹象。例如，方正科技（600601，见图 2-15），某年 9 月 29 日、10 月 29 日、11 月 7 日，3 次探底形成 3 个底部，之后股价出现了上涨。

18. 三重顶

3 次出现冲顶的 K 线形态。一般认为，三重顶是股价顶部整固结果，是股价下跌的迹象。例如，*ST 丰华股份（600615，见图 2-16），某年 1 月 21 日、2 月 2 日、3 月 4 日，3 次冲顶 10 元未果，上攻乏力，之后股价出现了下跌。

19. 底部三连阴（阳）买入之招

股价在底部连续出现三阴线（四阴或更多，或者出现三连阳）时，可考虑买入。例如，某年 7 月 27 日，新日恒力（600165）股价在底部连续出现三阴线，股价为 6 元左右，主力在平台拉阴震仓洗盘。此后主力开始拉抬，到 8

图 2-15　方正科技的三重底

图 2-16　*ST 丰华的三重顶

月 15 日，股价最高价 7.08 元（见图 2-17）。

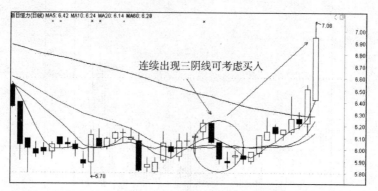

图 2-17　新日恒力股价连续出现三阴线迅速买入

需要注意的是，如在上升平台连续三阴时，可不必惊慌，可持仓观察，争取更大收获。

20. 顶部三连阴（阳）卖出之招

股价在顶部连续出现三阴线（四阴或更多，或者出现三连阳）时，可赶紧卖出。例如，某年 4 月 20 日和 4 月 26 日，华联综超（600361）股价为 6.8 元左右，但是这时股价连续出现两次三阴线，情况危急，显示主力在出货，股民必须赶紧平仓。此后，到 8 月 15 日，股价最低价跌到 5.25 元（见图 2-18）。

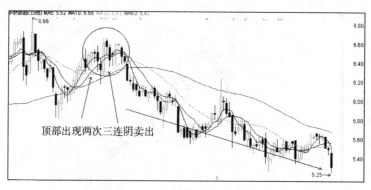

图 2-18　华联综超股价连续出现两次三阴线股民必须赶紧平仓

需要注意的是，在上升到顶部后，不管是三连阴还是三连阳，不可恋战，赶紧平仓为妙。

21. 圆弧底

K 线在底部形成的圆弧形状。一般认为，圆弧底是股价上涨的迹象。例如，梅雁股份（600868，见图 2-19），某年 3 中旬和 9 月中旬，K 线两次形成了圆弧底，之后股价出现了上涨。

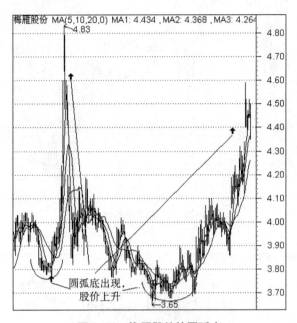

图 2-19　梅雁股份的圆弧底

22. 圆弧顶

K 线在顶部形成的圆弧形状。一般认为，圆弧顶是股价下跌的迹象。例如，航天电子（原火箭股份，600879，见图 2-20），某年 3 月中下旬 K 线形成了圆弧顶，之后股价出现了下跌。

23. 上升缺口

指开盘价格超过昨日最高价格的空间价位。一般认为，上升缺口发生在股价底部，是股价上涨的迹象。例如，零七股份（000007，见图 2-21），某年 5 月 4 日和 5 月 7 日连续出现两个跳空缺口，股价为 14 元左右，此时应该买进。尽管股价徘徊了几天，但是之后股价开始上涨。

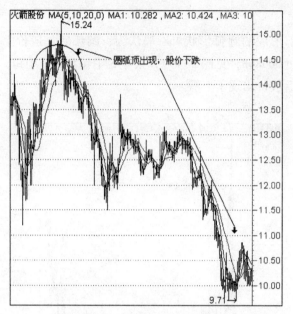

图 2-20　火箭股份的圆弧顶

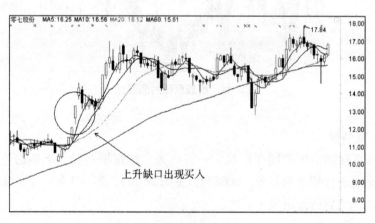

图 2-21　零七股份的上升缺口

24. 下跌缺口

指开盘价格低于昨日最低价格的空间价位。一般认为，下跌缺口发生在股价顶部，是股价下跌的迹象。例如，大名城（原华源股份，600094，见图 2-22），某年 7 月 4 日最低价格为 7.28 元，第二个交易日一开盘，价格就低开为 7.22 元。跳空缺口空间价位为 0.06 元，之后股价开始下跌，所以股民一定要警惕下跌缺口。

图 2-22 华源股份的下跌缺口

25. V 形反转

股价下跌过程中，突然出现上升拐点，K线在底部形成了"V"字形状。一般认为，V形反转形态突然发生在股价底部，是股价上涨的迹象。例如，上汽集团（原上海汽车，600104，见图 2-23），某年9月，K线在底部形成了"V"字形状，之后股价开始了上升。

26. 倒 V 形反转

股价上升过程中，突然出现下跌拐点，K线在顶部形成了倒"V"字形状。一般认为，V形反转形态突然发生在股价顶部，是股价下跌的迹象。例如，弘业股份（600128，见图 2-24），某年4月突然出现下跌拐点，K线在顶部形成了倒"V"字形状，之后股价开始了一轮下跌，所以股民一定要警惕倒"V"字形状。

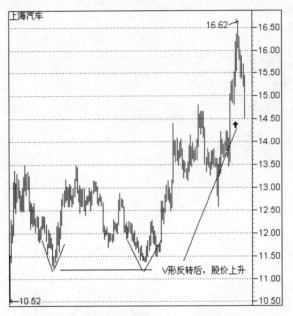

图 2-23　上海汽车的 V 形反转

图 2-24　弘业股份的倒 V 形反转

27. W 底

股价下跌过程中，形成两次底部，K 线在底部形成了"W"字形状。一般认为，W 形发生在股价底部，是股价上涨的迹象。例如，黑化股份（600179，见图 2-25），某年 9~10 月 K 线在底部形成了"W"字形状，之后股价开始了上升。

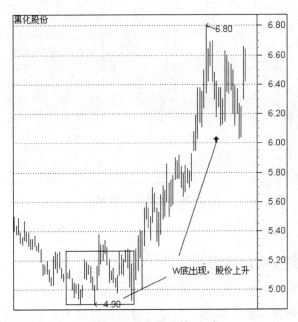

图 2-25　黑化股份的 W 底

28. M 头

股价上升过程中，形成两次头部，K 线在头部形成了"M"字形状。一般认为，M 形发生在股价头部，是股价下跌的迹象。例如，太原重工（600169，见图 2-26），某年 9~10 月 K 线在头部形成了"M"字形状，之后股价开始了下跌。

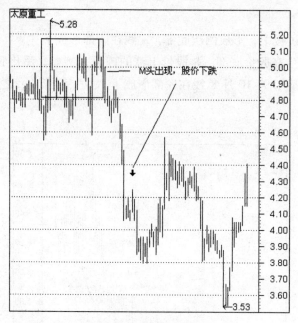

图 2-26　太原重工的 M 头

◎ K 线实战综合运用

K 线形态千姿百态，可以反映出股价的各种变化。但是，并不是说掌握了其中一个 K 线形态，如头肩顶、圆弧底等，就万事大吉或百战百胜了。K 线也有它的死角，有时甚至会导致失败。为较少地避免失败，综合运用 K 线炒股是非常重要的。例如，为更好地判断底部，就要综合找出反映底部 K 线的多种形态。

例如，2005 年 6 月，沪指跌破 1000 点，其各种 K 线形态都反映出股市的底部特征，所以产生了一轮 2006 年和 2007 年的大行情，沪指从 998 点涨到 6124 点方才罢休。而自从 2007 年底开始，其各种 K 线形态又都反映出股市的顶部特征，所以产生了一轮暴跌行情，沪指从 6124 点暴跌到 1664 点。

又如，中国联通（600050），某年 1 月初，K 线出现了底部十字星、红三兵、穿头破脚等形态，说明股价有一轮行情。而新黄浦（600638）在某年 6 月 24 日暴涨后，顶部出现了黑三兵、M 头、穿头破脚等形态，说明股价下跌的可能性很大（见图 2-27 和图 2-28）。

图 2-27 中国联通的底部 K 线形态

图 2-28 新黄浦的顶部 K 线形态

因此，在股市实战中，一定要综合运用 K 线的各种形态，同时还要参考其他因素，绝不能简单根据一根 K 线，就做出买卖的决定。

第三节　常用技术指标

目前用于分析股价走势的技术指标多如牛毛，让人不知所措。作者认为：首先，技术指标绝对不是万能的，有时甚至失灵，误导股民，所以千万不可迷信之；其次，没必要自己计算画图，计算机都为您提供了现成的数据和图线；再次，少而精，掌握常用的几个即可；最后，一定要灵活综合运用，绝对不能根据一个指标就匆匆做出买卖决定。

由于篇幅、字数限制，此板块的其他技术指标，如随机指标（KDJ）、收盘动态指标（ROC）、布林线指标（BOLL）、量价指标（TAPI）等十几个指标，只能忍痛割爱删去，股民欲了解更全面、高级的招法，可参考《炒股就这几招》（超值升级版），书中有详细介绍，并且还免费配送一张讲解光盘，具体垂询经济管理出版社读者服务部电话：010-68022974。

◎ 中长期趋势：指数平滑异同移动平均线（MACD）应用之招

1. 什么是 MACD 指标

指数平滑异同移动平均线（Moving Average Convergence Divergence，MACD），是以快速及慢速移动平均线的交叉换位、合并分离的特性，来分析、研究股市中、长期趋势的指标，从而决定股票买卖的时机。

2. 计算公式

（1）设置快速、慢速移动平均线。一般快速设置为 12 天（12EMA），慢速设置为 26 天（26EMA）。根据不同习惯，也有将快速、慢速设置为其他天数。

（2）今日 EMA＝昨日 EMA＋平滑系数×（今日收盘价−昨日 EMA）。

（3）平滑系数：12EMA 平滑系数为 0.1538；26EMA 平滑系数为 0.0741。

因此，12EMA＝昨日 12EMA＋0.1538×（今日收盘价−昨日 12EMA）。

26EMA＝昨日 26EMA＋0.0741×（今日收盘价−昨日 26EMA）。

（4）计算离差值 DIF。DIF＝12EMA−26EMA。

（5）计算 MACD。一般以 9 日为周期，平滑系数设置为 0.2。则：

今日 MACD = 前 9 日 MACD+0.2×（今日 DIF−前 9 日 MACD）。

（6）离差柱线 = DIF−MACD。

3. 运用 MACD 的一般原则

（1）需要配合其他技术指标和股市的其他因素共同研判来决定投资行为。

（2）如果 DIF 为正值并向上接近 MACD 时，说明行情好转，可适当建仓；如果 DIF 为负值并向下接近 MACD 时，说明行情转空，可以考虑平仓。

（3）MACD 和 DIF 应配合观察股市。当 MACD 和 DIF 都即将向上越过 0 轴线时，说明行情好转，可适当建仓；当 MACD 和 DIF 都即将向下接近 0 轴线时，说明市场抛盘压力大，可以考虑平仓。

（4）如果 DIF 和 MACD 向上突破 0 轴线空间很大后，说明买盘很大，此时股民注意不要贪心，适当控制购股节奏；如果 DIF 和 MACD 向下跌破 0 轴线空间很大后，说明卖盘很大，股民要考虑股价底线可能来临了，应考虑低价购进些股票。

4. 应用之招

以通化东宝（600867，见图 2−29）为例。

图 2−29　通化东宝的 MACD 指标

某年10月底，股价开始下跌。DIF向下即将穿破MACD，此时应该考虑卖出。11月13日，DIF好转，向上接近MACD（应买入）。该股股价由5元左右涨到12月中旬的6元左右。运用MACD时注意黏合状况，如果DIF与MACD在高位运行形成黏合情况，说明多头进一步上攻意愿不强。遇到黏合状况，一旦DIF向下，应立即出局。

◎ 供求均衡：动向指标（DMI）应用之招

1. 什么是DMI指标

动向指标（也叫趋向指标）是研判股价在升跌之中供求的均衡点，即股价变化直接作用供求双方从失衡到均衡再到失衡……的循环过程，由此判定股市的态势，以决定投资行为。

在股市中，买卖双方的力量变化会影响股价指数变化，多方投入大量资金，希望创下新高股价，而空方拼命打压股价。因此，股价的最高价、收市价和最低价基本反映了多空双方的实力，DMI指标是力图反映这种趋向的一种实用技术指标。

2. 计算公式

（1）计算动向变化值（DM：Directional Movement）。

+DM：当日最高价比昨日最高价高并且当日最低价比昨日最低价高，即为上升动向+DM。上升幅度为：当日最高价减去昨日最高价。

-DM：当日最高价比昨日最高价低并且当日最低价比昨日最低价低，即为下降动向-DM。下降幅度为：昨日最低价减去今日最低价。

如果+DM和-DM相等，则DM＝0。

如果当日最高价比昨日最高价高，但是当日最低价比昨日最低价低，此时，+DM和-DM比较，取其最大值为动向变化值（+DM或-DM）。

如果出现涨停板，+DM上升幅度为：当日收盘减去昨日最高价。

如果出现跌停板，-DM下降幅度为：今日收盘价减去昨日最低价。

（2）计算真正波幅（TR：True Range）。当日最高价减去当日最低价（H-L），当日最高价减去昨日收盘价（H-PC），当日最低价减去昨日收盘价（L-PC）。

以上计算的3个差取绝对值，然后比较取最大值为TR。

（3）计算DI。周期一般定为10天或14天，此处设天数为14，则：

$$+DI(14) = \frac{+DM(14)}{TR(n)} \times 100\%$$

$$-DI\,(14) = \frac{-DM(n)}{TR(n)} \times 100\%$$

（4）计算动向指数（DX）。+DI 和−DI 分别代表了多空双方的实力，但双方相互比较又如何判断谁的实力强呢？这就需要计算动向指数（DX）。DX 指标就是+DI 与−DI 两者之差的绝对值除以两者之和的百分数。公式如下：

$$DX = \left[\frac{+DI(14) - -DI(14)}{+DI(14) + -DI(14)}\right] \times 100\%$$

计算显示的数值越高，说明多头力量比较强大，股市处于上升趋势；反之，股市处于下降趋势。

（5）计算动向平均值（ADX）。DX 虽然反映了多空双方的争斗，但如果对双方的争斗通过平滑计算，则大体可对股市的未来走势做出基本判断。ADX 计算方法是：DX÷14。

（6）如果要更加精细地观察股市趋势，还可以计算平均动向指数的评级数（ADXR）。从 21 天起开始计算，计算公式是：

$$ADXR = \frac{ADX(1) + ADX(15)}{2}$$

公式中，ADX（1）代表当天的 ADX，即第 21 天的 ADX；ADX（15）代表第 15 天的 ADX。

3. 分析 DMI 的要领

（1）DMI 本身含有+DI、−DI、DX、ADX、ADXR 几项指标，这几项指标一定要配合看，同时也要配合其他技术指标共同研判。

（2）DI 上升、下降的幅度均在 0～100。+DI 值逐步放大，−DI 值逐步缩小，说明多头开始发力，股指可能会提高，股民可以建仓；反之，若空方实力强，−DI 值逐步放大，+DI 值逐步缩小，股指会下落，股民应该减仓。投资者可根据+DI、−DI 的变化趋向，摸清多空双方的实力，择机而动。

（3）如果+DI 大于−DI，在图形上则表现为+DI 线从下向上穿破−DI 线，这反映了股市中多方力量加强，股市开始上升，所以买进时机来临；如果−DI 大于+DI，在图形上则表现为−DI 线从上向下穿透+DI 线，反映股市中空头正在进场，股市有可能低走，所以，卖出的时机来临；如果+DI 和−ID 线交叉且幅度不宽时，表明股市进入盘整行情。股民可以观察一段，待机行事，不宜过早操作。

（4）ADX 和 ADXR 股民也要顺势参考。如果 ADX 和 ADXR 逐渐上行，说

明多头开始发力,股民可顺其操作,即加入多头;反之,加入空头。但注意,ADX 和 ADXR 变化慢,所以,买卖股票时,要考虑提前量,长时间的跟风会造成损失。

4. 应用之招

以上海石化(600688,见图 2-30)为例。

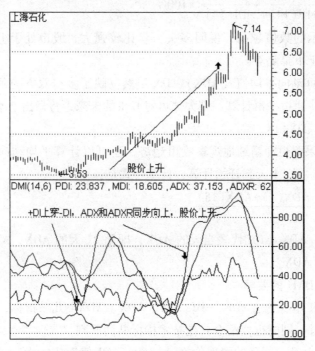

图 2-30　上海石化的 DMI 指标

某年 9 月,+DI 开始上升,并在 10 月上穿-DI,ADX 和 ADXR 也走稳,此时股价为 4 元左右,可以考虑建仓。果然,多头开始了一轮猛攻,到次年 1 月,其股价上升到 7 元左右。可见,+DI 上穿时可买进;反之应卖出。

◎ 短长分析:均线差指标(DMA)应用之招

1. 什么是 DMA 指标

用短期和长期平均线的差值分析股价趋势。

2. 计算公式

DMA=短期平均值-长期平均值

一般短期天数为 10 天，长期天数为 50 天。

AMA（均值）= DMA÷10

3. 分析 DMA 的要领

（1）必须和其他技术指标配合分析。

（2）DMA 线上穿 AMA 线，可买进；下穿 AMA 线，应卖出。

（3）DMA 信号反应比 MACD 灵活些，因此应注意提前量，也要注意主力有意操纵的行为。

4. 应用之招

以上海机场（600009，见图 2-31）为例。

图 2-31　上海机场的 DMA 指标

某年 7 月中旬，该股为 12 元左右，此时该股 DMA 开始下穿 AMA，发出了卖出信号。到 10 月左右，该股跌到 10 元左右。11 月，该股 DMA 有上穿 AMA 的要求，此时可以考虑建仓。12 月下旬，股价已升到 13 元左右。

◎ 三者差异：气势意愿指标（BR、AR）应用之招

1. 什么是 BR、AR 指标

股市买卖气势是一个曲折震荡的过程，不仅当日的最高价、最低价、开盘价之间的差异比值很重要，而且昨日的收盘股指与当日的最高股指、最低股指之间的差异比值也很重要。BR 指标反映的是昨日收盘价与今日最高价和最低价之间的强弱走势，从而反映股价意愿。AR 指标主要反映每日股价最高点、最低点及开市价三者之间关系，是利用一定周期内三者的差异及比值反映股市买卖气势强弱的指标。BR 与 AR 构成了综合气势意愿指标。

2. 计算公式

$$BR = [\sum_{i=1}^{n}（今日最高股价-昨日收盘股价）\div \sum_{i=1}^{n}（昨日收盘股价-今日最低股价）] \times 100\%$$

n 取 14 天或 26 天。

$$AR = [\sum_{i=1}^{n}（今日最高股价-今日开盘股价）\div \sum_{i=1}^{n}（今日开盘股价-今日最低股价）] \times 100\%$$

n 取 26 天。

3. 分析 BR、AR 要领

（1）必须配合其他技术指标共同分析股市走势。

（2）BR 和 AR 处于同步上升态势，表明股市处于启动期，此时投资者应开始建仓；反之，投资者应该平仓。

（3）BR 值大大高于 AR 值时，特别注意风险，投资者不可再追涨；BR 值大大低于 AR 值时，股市反弹的可能性很大，投资者可逢低吸纳部分股票。

4. 应用之招

以人福医药（原人福科技，600079，见图 2-32）为例。

某年 11 月左右，股价跌到 7 元左右。BR 降到 50 左右，AR 降到 60 左右，BR、AR 同时有上升的趋向，此时应买入。次年 1 月初，该股启动，到 3 月下旬，股价已达 11 元左右。但随后 BR、AR 同步下跌，此时应考虑卖出。可见，BR、AR 指标大体反映了股票的买卖气势和意愿。

图 2-32　人福科技的 BR 和 AR 指标

◎ 多空次战场：压力支撑指标（CR）应用之招

1. 什么是 CR 指标

能够大体反映股价的压力带和支撑带的指标。

2. 计算公式

首先，计算中间价：

中间价＝（最高价+最低价）÷2

然后，计算上升值、下跌值：

上升值＝今天的最高价−昨天的中间价（负值记 0）

下跌值＝昨天的中间价−今天最低价（负值记 0）

再次，计算多、空方累计强度，天数定为 26 天：

多方强度＝26 天的上升值和

空方强度＝26 天的下跌值和

最后，计算 CR：

CR＝（多方强度÷空方强度）×100%

或更简单的公式（由 BR 公式演化而来）：

$$CR = \left[\sum_{i=1}^{n}（今日最高股价-昨日中间价）\div \sum_{i=1}^{n}（昨日中间价-今日最低股价）\right] \times 100\%$$

n 取 26 天。

此外，CR 本身要与 10 日、20 日、40 日、62 日这 4 条平均线配合，这 4 条线分为 a、b、c、d：

a：CR 的 10 日平均线后移 5 天；

b：CR 的 20 日平均线后移 9 天；

c：CR 的 40 日平均线后移 17 天；

d：CR 的 62 日平均线后移 28 天。

我们把 a、b 两线所合成的区域叫"多空次战场"，把 c、d 两线合成的区域叫"多空主战场"。

3. 分析 CR 指标的要领

（1）必须与其他技术指标共同配合分析。

（2）当 CR 由下向上穿过"多空次战场"时，股价会受到空头次级阻力，此时可以排除阻力，考虑建仓；反之，当 CR 从上向下即将穿过"多空次战场"时，股价虽然会受到多头次级支撑的撑力，但是不能认为这是股价的底部，最好再等待一段时间，待股价下穿"多空次战场"企稳后，再则机而动。

（3）当 CR 由下向上穿过"多空主战场"时，股价相对会遇到空头强大压力，一旦越过此压力，股价还会维持高位态势，但是要注意风险的突然来临；反之，当 CR 由上自下穿过"多空主战场"时，股价相对会遇到多头强大的支撑力，虽然可以支撑股价一段时间，但最好不宜恋战，考虑提前平仓。

4. 应用之招

以重庆港九（600279，见图 2-33）为例。

某年 5 月，该股价跌到 9 元左右。6 月初，CR 开始上行，上穿多空次战场，此时可建仓。不久 CR 又上穿了多空主战场，将空头甩下，股价由此展开大幅上攻。6 月中旬，股价已经达到 12 元左右。8 月，股价在空头的反击下，CR 几次探到多空次战场附近，多头支撑不足，此时应卖出。结果，到 11 月，股价跌到 7 元左右。

CR 指标运用中，还要注意它的上升提前期和下降提前期，如世贸股份（图略）。某年 12 月 4 日，CR 值已经高出多空主战场，股价达到 10.42 元。但 12 月 10 日，CR 值开始拐头下降。股价虽然到 12 月 18 日维持在 10 元左右，

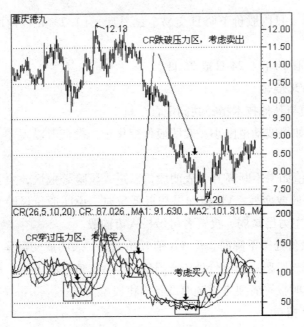

图 2-33 重庆港九的 CR 指标

但是这种 CR 开始提前下降的情况，应引起投资者注意，应根据 CR 指标做提前平仓的准备。到次年 1 月 6 日，该股股价跌到 8.68 元。之后到 1 月下旬左右，CR 一直徘徊在多空次战场，此时应该注意上升的提前期，考虑建仓。到 3 月初，股价再次涨到 10 元左右。

◎ 资金气势：成交量指标（VR）应用之招

1. 什么是 VR 指标

将某段时期内股价上升日的成交金额加上 1/2 日内股价不涨不跌成交总额总计与股价下降日的成交金额加上 1/2 日内股价不涨不跌成交总额总计相比，从而反映出股市成交量强弱的指标，也叫容量比或数量指标。观测 VR，更可以掌握股市上资金的走势，了解股市资金的气势。

2. 计算公式

$$VR = \frac{VR1}{VR2} \times 100\%$$

VR1 表示 n 日内股价上升日交易金额总计+（1/2）n 日内股价不变交易金额总计；

VR2 表示 n 日内股价下降日交易金额总计＋（1/2）n 日内股价不变交易金额总计。

n 日一般取 10 日、24 日或 26 日。

3. 分析 VR 要领

（1）必须与其他技术指标共同配合分析。

（2）VR 如果波动范围小，表明股价变化小，投资者以观望为主，伺机而动（买或卖）。

（3）VR 值如果不断高升，表明股价已进入风险警戒区，应及时出货，万不可再追风买股或恋战；VR 值如果趋近低位时，说明股价风险释放，超卖区已形成，空方主力已减弱，投资者可借机入市购股。

（4）当股价处于下降时，但 VR 值开始上升，表明成交额呈上升趋势，这时投资者可买入股票；当股价处于上升时，但 VR 值开始下降，表明成交额呈下降趋势，这时投资者要考虑随时准备出售股票。

4. 应用之招

以广电网络（600831，见图 2-34）为例。

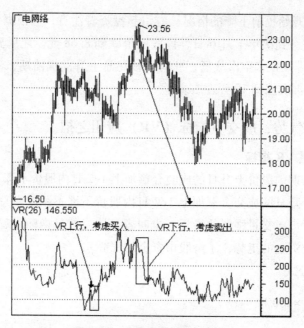

图 2-34 广电网络的 VR 指标

某年 11 月，该股 VR 值一直在低位运行，股价已跌到 15 元左右。到 12 月初，VR 开始上升，此时应买入。到次年 2 月下旬，VR 值连续上升，股价达到 18 元左右。到 8 月，股价达到 23 元左右。此时 VR 处于下跌整理态势，表明成交额的动力处于暂停状态。此时，股民要密切注意，随时平仓，保住胜利果实。

◎ 人气兴衰：人气指标（OBV）应用之招

1. 什么是 OBV 指标

所谓股市人气，指投资者活跃在股市上的程度。如果买卖双方交易热情高，股价、成交量就上升，股市气氛则热烈。因此，利用股价和股票成交量的指标来反映人气的兴衰，就形成了 OBV 指标。

2. 计算公式

OBV 指标的计算公式很特殊，纯属是人为规定将成交量分为正、负值来勾描人气兴衰，即每天将股市收盘价与昨日股市收盘价相比，如今天收盘价高于昨日收盘价，则将今日成交量值列为正值；反之列为负值。经过一段时间的累计正负值，就形成了 OBV 值。

3. 分析 OBV 的要领

（1）OBV 是技术指标人为化的人气指标，因此，非常需要配合其他技术指标共同分析研判股市走势。

（2）一般情况下，OBV 上升，股价随之上升，说明人气集聚，股价还可能继续维持上升态势，股民可以建仓；反之则相反。

（3）如果 OBV 线下滑，而股价上升，说明买方力量逐渐薄弱，人气趋于清淡，投资者应考虑卖出股票；如果 OBV 线上升，而股价下跌，表明逢低有人接盘，股民可以适当买进。

（4）如果 OBV 累计值由正值转为负值时，表明股市整体走势下滑，应卖出股票，反之则相反。如果 OBV 正负值转换频率高，投资者应注意观察股市此时的盘整行情，择机而动。

（5）OBV 体现了人气动向，可变量很大，人气维持周期难以精确计算，因此，投资者要用悟性参考该指标，不宜受 OBV 指标无序的影响。

4. 应用之招

以中国联通（600050，见图 2-35）为例。

某年 10 月 9 日，该股上市，股价为 2.87 元。之后 OBV 连续 20 个正值，

但是股价仅升到 3 元左右，说明虽然有人气支持，但是力度不够。11 月下旬至 12 月下旬，OBV 连续出现负值 30 多次，股价也步步下跌到 2.6 元左右。但是 OBV 的下跌力度逐渐减弱，说明外场的人气资金在慢慢集聚。次年年初，OBV 开始上升，股价升到 3 元左右。虽然到 3 月底股价跌到了 2.85 元左右，但是 OBV 始终保持正值，说明人气不散，主力资金准备借该股 4 月 9 日 17.35 亿股战略股上市题材大炒一把。结果到 4 月中旬，该股涨到 3.36 元左右。之后，庄家再接再厉，借大炒蓝筹股的概念，一举将股价推到 5 元左右。

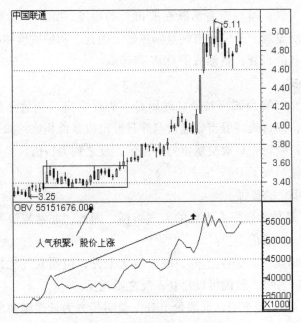

图 2-35　中国联通的 OBV 指标

OBV 背离股价情况要注意。如长安汽车（图略），某年初从 6 元左右开始上升，到次年 5 月，股价涨到 19 元左右。但是 OBV 的力度逐渐减弱，与股价产生了背离。此种人气逐渐散去的情况要密切注意。

◎ 增减动量：振动指标（ASI）应用之招

1. 什么是 ASI 指标

用开盘价、最高价、最低价、收盘价相互之间增减动量来分析股价走势的指标。

2. 计算公式

A＝今日最高价－昨日收盘价

B＝今日最低价－昨日收盘价

C＝今日最高价－昨日最低价

D＝昨日收盘价－昨日开盘价

A、B、C、D 均取绝对值。

E＝今日收盘价－昨日收盘价

F＝今日收盘价－今日开盘价

G＝昨日收盘价－昨日开盘价

X＝E＋0.5F＋G

K＝A、B 比较，取最大值。

比较 A、B、C：

若 A 最大，则 R＝A＋0.5B＋0.25D；

若 B 最大，则 R＝B＋0.5A＋0.25D；

若 C 最大，则 C＝C＋0.25D。

L＝10

SI＝50×（X÷R）×（K÷L）

ASI＝累计每日的 SI 值

3. 分析 ASI 的要领

（1）必须和其他指标共同研判。

（2）ASI 如果处于长期下跌中，股价此时也跌得较低，股民可以考虑建仓；如果 ASI 处于下跌阶段，此时股价也下降，应考虑出货，掌握提前量。

（3）股价创新高或新低，ASI 未创新高或新低，投资者要注意高点的风险和底部的再确认。

4. 应用之招

以上海电力（600021，见图 2-36）为例。

某年 10 月 29 日上市后，ASI 处于上升态势，股价 9 元左右。此时股民可以考虑建仓。次年 1 月，ASI 继续上升，股价已升到 13 元左右。

图 2-36　上海电力的 ASI 指标

◎ 比值累计量：量价能人气指标（EMV）应用之招

1. 什么是 EMV 指标

成交量和股价是最常见的指标，所以用成交量及股价之差的比值累计量来反映人气强弱及股价升、跌的指标，为量价能人气指标。

2. 计算公式

A＝(今日最高价+今日最低价)÷2

B＝(昨日最高价+昨日最低价)÷2

C＝今日最高价−今日最低价

$$EM(14)＝\sum_{i=1}^{14}\left[(A-B)×C÷今日成交额\right]（累计14天的值）$$

EMV＝ EM(14) ÷ 14

EMVMA(9日平均 EMV)＝(EMV1+⋯EMV9)÷9

3. 分析 EMV 的要领

（1）必须要配合其他指标共同分析。

（2）EMV 线向上穿过 0 轴线，考虑买进；向下穿破 0 线，考虑卖出。

（3）EMV 线向上穿过 EMVMA 线，可参考买入；反之向下穿破 EMVMA 线，应卖出。

4. 应用之招

以振华重工（原振华港机，600320，见图 2-37）为例。

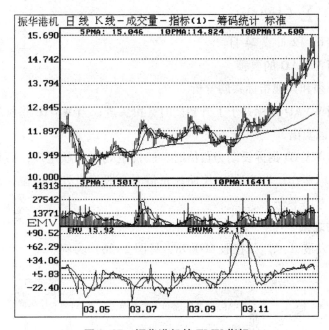

图 2-37　振华港机的 EMV 指标

某年 7 月开始，该股价下跌，此时 EMV 屡次向下穿破 EMVMA 线，到 12 月初，该股的 EMV 线开始上穿 EMVMA 线，股价为 10 元左右，此时可以考虑建仓。当年 12 月底，EMV 线上穿 0 线，尽管次年初 EMV 线曾下穿 0 线，但是很快收复失地。次年 2 月后，EMV 线和 EMVMA 线都上穿 0 线，到 4 月左右，股价达到 12 元左右。经过一段盘整后，第三年 1 月，股价达到 15.5 元左右。

◎ 买卖实力：价量变异指标（WVAD）应用之招

1. 什么是 WVAD 指标

将当日收盘价、开盘价和成交量联系起来分析，测量买卖双方实力的指标。

2. 计算公式

A＝当日收盘价−当日开盘价

B＝当日最高价−当日最低价

V＝当日成交额

$$WVAD = \sum_{i=1}^{n}(A \div B \times V)$$

n 取 6 日、12 日或 24 日。

3. 分析 WVAD 的要领

（1）必须和其他指标共同分析。

（2）当 WVAD 指标处于上升初期时，可买进；当 WVAD 指标处于下降初期时，可考虑卖出。

（3）当 WVAD 指标长期为负值时，股价也处于下跌尾声，而某天出现正值，可以考虑建仓；当 WVAD 长期为正值时，股价也处于高位，而某天出现负值，可以考虑平仓。

4. 应用之招

以广州发展（原广州控股 600098，见图 2-38）为例。

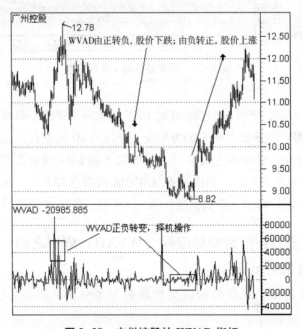

图 2-38　广州控股的 WVAD 指标

某年 7 月，该股开始下跌，WVAD 到 11 月初始终为负值，股价跌到 10 元左右。11 月中旬，WVAD 线开始上升，WVAD 也由负转正值，可考虑买进。此后，到 2003 年初，WVAD 有下跌迹象，但始终为正值，所以可以继续持仓。到第二年 1 月 16 日，股价升到 12 元左右。此后，到 2 月 13 日，股价继续维持高位。但 WVAD 线开始下降，发生了背离，应考虑卖出。3 月 7 日到 30 日，WVAD 一直为负值，股价跌到 10 元左右。到 3 月 31 日，WVAD 由负值转为正值，有上升迹象，此时可以再次考虑建仓。到 4 月中旬，股价又涨到 12 元左右。但随后，该指标再次转为负值，此时应考虑卖出。8 月，该股价跌到 8 元左右。此时，WVAD 由负值转为正值，可考虑买进。第三年 1 月，股价再返到 12 元左右。

◎ 收盘涨跌：强弱指标（RSI）应用之招

1. 什么是 RSI 指标

强弱指标（RSI）（也叫相对强弱指标）是利用一定时期内收盘平均涨数与收盘平均跌数的比值来反映股市走势的。RSI 选用天数可为 5 日、10 日、14 日。一般来讲，天数选择短，易观察股市短期动态，但不易平衡股市长期发展趋势，天数选择长，易分析长期发展趋势，但不易把握短期的投资机会。因此，参考 5 日、14 日的 RSI 是比较理想的。当然股民也可以自己设定天数。

2. 计算公式

$$RSI = 100 - \left(\frac{100}{1+RS} \right)$$

相对强度（RS）＝一定时期收盘指数涨数的平均值÷一定时期收盘指数跌数的平均值

3. 分析 RSI 的要领

（1）必须配合其他技术指标共同研判股市走势。

（2）RSI 选取时间可长可短，但短时间（RSI1）应定为 5 日或 6 日，长时间（RSI2、RSI3）定为 10 日、24 日。通常 QRSI 值起伏大，RSI2 和 RSI3 值规律性强。

（3）RSI 值升到 70% 以上时，投资者追涨要小心，最好应沽出股票；RSI 值降到 20% 以下时，投资者应调整心态，考虑适时进货。

（4）短期 RSI 向上穿越长期 RSI，应买入；反之卖出。

（5）注意走势背离情况。股价升，RSI 弱，说明买力不强，应卖出；股价

跌，RSI 强，说明买力强，可持仓。

4. 应用之招

以天津港（600717）为例。

某年 6 月 27 日到 7 月 12 日，该股股价为 10 元左右，此时短期 RSI 在 70% 以上，所以不要再追涨，观察 RSI 的变化。7 月底到 8 月中旬，短期 RSI 处于 40%~60%，处于弱势，股价维持在 10 元左右，难以再升，此时可以考虑平仓。8 月下旬，短期 RSI 向下穿越长期 RSI，表明股价要下跌。到 12 月左右，股价下跌到 8 元左右。12 月底，短期 RSI 已经跌到 30% 以下，此时可考虑建仓。次年初，短期 RSI 上穿长期 RSI，长期 RSI 上升到 50% 以上，可继续持仓。到 7 月中旬，股价达到 13 元左右。之后，短期 RSI 向下穿越长期 RSI，表明股价要下跌。到 10 月，股价下跌到 11 元左右，短期 RSI 已经跌到 23% 以下，此时又可考虑建仓。第三年 1 月，股价再次上到 13 元（见图 2-39）。

图 2-39 天津港的 RSI 指标

利用 RSI 还须注意指标与股价走势背离情况。例如，东软集团（600718，图略），某年 7 月初，股价到 19 元左右。之后，到 7 月底，股价维持在 17 元左右，但短期 RSI 和长期 RSI 都在 40% 以下，此时发生了股价和 RSI 背离走势，说明上攻态势难以支撑。果然到 12 月下旬，股价跌到 13 元左右。可见，发生股价在高位背离时，投资者应获利了结。

反之，在上升整理中，股价暂短下跌，但是强势指标未根本转弱，投资者可继续持股。例如，东方锅炉（600786，图略），某年初股价由 7 元左右开始上升，到 1 月下旬，股价滞胀，但是 RSI 始终在 50% 以上，未见弱势，说明该股有潜力。另外，短期 RSI 始终未向下穿破长期 RSI，说明可以继续持仓，到 3 月 6 日，该股最高升到 10.55 元。

◎ 超买超卖：威廉指标（WR）应用之招

1. 什么是 WR 指标

威廉指标是通过某一周期（一般定为 10 日或 14 日）内最高价与周期内最后一天的收盘价之差再与周期内最高价和最低价之差进行比值计算，从而及时观测股市超买超卖信息的一种技术分析指标。

2. 计算公式

威廉指标以股价为计算依据。

WR＝〔（14 日内最高价−今日收盘价）÷（14 日内最高价−14 日内最低价）〕×100%

设定周期为 5 日、12 或 14 日，此处设 14 日。您可以设一个短期 5 日的 WR，配合 14 日的 WR 共同分析。

3. 分析 WR 要领

（1）必须和其他技术指标配合研判，不得单一做决策。

（2）WR 值的波动区间为 0~100。一般经验可证，当 WR 值趋近 80% 甚至超过 80%，说明股市处于超卖状态，有可能会见底反弹，因此，投资者可择机而动，适时买入部分股票；当 WR 值趋近 20% 甚至低过 20%，说明股市处于超买状态，有可能见顶下跌，因此，投资者不可再盲目的追涨，应停止买入行为，适时卖出部分股票。

（3）50 是 WR 线的中轴线，当 WR 线从 80% 向下穿破 50 后，说明股价处于上升阶段，一旦接近 20% 以下时，应考虑卖出。反之，WR 从 20% 向上趋近 50 时，说明股价开始下跌，一旦穿过 50，接近 80% 以上时，再建仓。

（4）如果 WR 值已进入超买区但却僵持不动时，说明行情仍有一段坚挺期，投资者可与其共同坚持，择机决定买卖行为。一旦发现 WR 值掉头向上，应考虑卖出。同样，当 WR 值在超卖区内僵持不动时，投资者也可适当坚持，

择机而动。一旦发现 WR 冲向下方，应考虑买入。根据经验，WR 向上触顶四次，第四次是良好买点；向下触底四次，第四次是良好的卖点。

4. 应用之招

以均胜电子（原辽源得亨，600053，见图 2-40）为例。

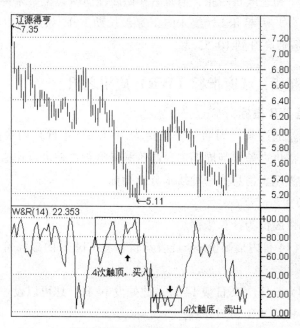

图 2-40　辽源得亨的 WR 指标

某年 6 月 25 日到 7 月初，该股的 WR 三次触底（此时不能机械理解"四次触底"原则，一旦股势不好，应立即卖出），股价为 8.6 元左右，WR 为 20% 左右。7 月 5 日左右，WR 开始上升，趋于 50，此时可考虑平仓。到 11 月底左右，股价已落到 5 元左右，WR 此时连续发生四次触顶的情况，WR 为 80% 以上，表明进入超卖区，可建仓买入。次年初，该股开始上升。到 4 月中旬，股价升到 10 元左右。8 月，WR 发生四次以上触底，考虑卖出。果然，到 11 月，股价跌到 5 元左右。此时，WR 再次连续发生四次触顶的情况，WR 为 80% 以上，表明进入超卖区，可建仓买入。12 月初，股价升到 6 元左右。

◎ 忍痛割肉：止损指标（SAR）应用之招

1. 什么是 SAR 指标

先设一个极点值（4 日或 6 日内最高价或最低价），当极点值与行情价格交叉时，及时提醒投资者作出决策。该指标对止损有参考作用，所以叫止损指标。

2. 计算公式

如果您卖出股票后等待一段时间准备开始做多，那么将首日 SAR 确定为 4 天以来的最低点。此时的计算公式：

SAR（明天）＝ SAR（今天）＋AF［今日最高股价－SAR（今天）］

AF：调整系数，定为 0.02。

如果 4 天（或 6 天）中股价每天创新高或新低，AF 则累进 0.02，直到 0.2 为止。如无新高或新低，AF 沿用前一天数值。

3. 分析 SAR 的要领

（1）必须与其他指标共同分析。

（2）SAR 图中有红圆圈和绿圆圈。股价向上突破绿圆圈并出现红圆圈时，可考虑买入；股价向下突破红圆圈并出现绿圆圈时，可考虑卖出。

（3）红绿圆圈形成抛物线状时，再决定买或卖，刚形成 1~2 个圆圈时，不宜过早下结论。

4. 应用之招

以中江地产（原江西纸业，600053，见图 2-41）为例。

某年 6 月 25 日，该股股价从 9.6 元左右开始下跌。SAR 图中出现绿圆圈，此时提醒您卖出股票。后来股价跌到 8 元左右。到 7 月底，出现了红圆圈，此时应该买进。股价又升到 9 元左右。之后，再次出现绿圆圈，再次提醒您卖出。到 11 月底，股价跌到 6 元左右。到 12 月左右，红圆圈出现，显示买盘强劲，此时可考虑建仓。次年 1~3 月，其间虽然有绿圆圈出现，但是基本以红圆圈为主，而且绿圆圈未构成抛物线状，显示可以持有，不宜轻易卖出。到 4 月中旬，股价上升到 10 元左右。此时红翻绿，绿圆圈构成抛物线状，是重要的卖出信号。果然，该股价一泻千里，到第三年 1 月，股价跌到 2.5 元左右。

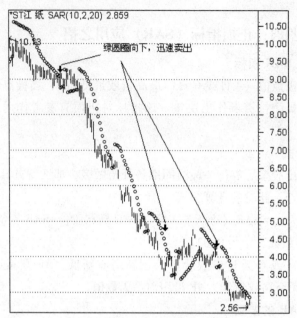

图 2-41　*ST 江纸的 SAR 指标

　　由于篇幅、字数限制，此板块的其他技术指标如随机指标（KDJ）、收盘动态指标（ROC）、布林线指标（BOLL）、量价指标（TAPI）等十几个指标，只能忍痛割爱删去，股民欲了解更全面、高级的招法，可参考《炒股就这几招》（超值升级版），书中有详细介绍，并且还免费配送一张讲解光盘，具体垂询经济管理出版社读者服务部电话：010-68022974。

第三大招　股市理论板块

（领会精髓　几招应用）

特别说明：股市流行了许多理论和法则，对股民炒股应该有一定的参考价值。但是固定不变的理论对股市这个变幻莫测的战场来说，则有它的局限性。尤其是国外的炒股理论和各种法则对中国股市并不完全适用，有些甚至相悖。所以，股民在运用这些炒股理论和各种法则时，一定要结合中国股市发展的实际，特别是变幻莫测的实际。我在介绍国外的这些炒股理论和各种法则时，紧密结合中国股市的实际，争取对您有所启示。

由于篇幅、字数限制，此板块的其他理论如格伦维尔法则、西蒙理论、葛兰比法则、江恩理论、箍桶理论、巴菲特理论等，书中只能忍痛割爱删去，股民欲了解更全面、高级的招法，可参考《炒股就这几招》（超值升级版）书中有详细介绍，并且还免费配送一张讲解光盘，具体垂询经济管理出版社读者服务部电话：010-68022974。

第一节　股市五浪：波浪理论

◎ 基本原理

波浪理论的发明人是美国的艾略特（1871～1948 年）。他将股市的上升、下降的波动趋势形象地表示为大海的波浪，一浪推一浪，潮起潮落。结合中国股市的实际，我把波浪理论概括为（见图 3-1）：

（1）上升态势浪一般由五个浪形组成：第一浪为启动浪；第二浪为震仓浪；第三浪为上升发展浪；第四浪为调整浪；第五浪为冲高浪。

（2）下跌态势浪一般由三浪组成：下跌派货浪（A 浪）；反弹派货浪

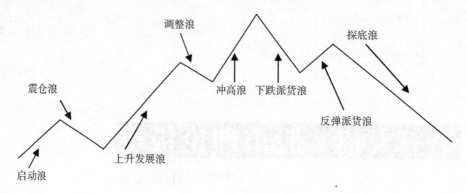

图 3-1　波浪理论

（B 浪）；探底浪（C 浪）。

（3）从浪形构图观察：全五浪的上升态势浪和全三浪的下跌态势浪完整构成一个股市潮起潮落的态势图。

（4）浪形的运作实质和时间观察：

第一浪（启动浪）：一般认为是主力发动行情的试探行动，浪形平缓，持续的时间短暂，给人以短线行情的假象。

第二浪（震仓浪）：通过短线打压，主力目的是将大部分股民震仓出局，以便轻装上阵。但由于主力不能丢失大量的廉价筹码（指股票），所以打压的时间也比较短暂。一般认为，第二浪的浪底不会跌穿第一浪的浪底，通常在第一浪的 38.2% 或 61.8% 处止跌。

第三浪（上升发展浪）：主力在锁定筹码的基础上，利用某些利多因素正式发动行情，以达到充分吸引踏空资金入市和调动人气的目的。一般认为，第三浪的浪形斜率增大，起码为 45 度角，而且时间持续最长，比第一浪和第五浪的时间都长。第三浪的浪顶会突破第一浪的浪顶，其浪形长度为第一浪的 1.618 倍，甚至 2.618 倍。

第四浪（调整浪）：经过第三浪长时间的运行，主力开始抛出部分筹码，所以股市为此下跌。一般认为，第四浪的浪底不会跌穿第一浪的浪顶，下跌的幅度为第三浪的 38.2% 或 61.8%，以此体现出第四浪的调整性。第四浪持续的时间比第二浪长，从而进一步引诱被震仓出局和观望的资金入市。

第五浪（冲高浪）：主力使出全部力量做最后的冲刺，对利空政策视为儿戏。一般认为，股指在第五浪中连续创新高，其浪顶突破第三浪顶，浪形斜率明显增大，同时主力开始大量抛出筹码，不愿在股市久留。所以第五浪的猛烈程度大大超过第三浪，但持续时间比第三浪短，股市风险明显增大。

下跌派货浪（A浪）：这是主力出货表演的第一阶段。由于主力既定目标达到，所以开始大量抛出筹码，主力出货的意志坚决，不给散民任何机会，因此股市猛烈下跌。但由于多空的较量相当激烈，所以下跌的时间短暂。

反弹派货浪（B浪）：这是主力利用反弹再次出货的阶段。原因是，首先，由于股市下跌猛烈必然反弹；其次，主力为派货要借反弹之力拉高；再次，外场抱有侥幸的资金和股民错误地判断，认为股市下跌结束，从而盲目建仓成为反弹的动力；最后，一部分短线客入市炒作带来了反弹资金。由于毕竟是反弹浪，所以B浪持续的时间不会很长。一般认为，B浪的反弹高度是A浪的38.2%、50%或61.8%。

探底浪（C浪）：这是主力完全出货的阶段。主力在B浪反弹中没有派货干净的话，则利用此阶段继续派货。由于主力出货的行为坚决持续，短线客也不再进场，割肉、止损的股民源源不断，什么利好的政策都无济于事，此C浪中几乎没有像样的反弹，因此股市陷入了慢慢阴跌的态势中而且时间相当漫长。在这漫长的阴跌中，股市的底部也慢慢形成，主力开始慢慢搜集廉价的筹码，逐步建仓，为发动下一轮行情做长期准备。

◎ 误区矫正

第一，波浪理论根据大海的波浪起伏形象描述股市的升跌起落，只是为我们炒股提供一个参考工具而已。但这并不是说股市就固定不变地、机械地按波浪理论事先框定的浪形、浪顶、浪底、时间、斜率等按部就班地运作。实际运作中，股市会有其他"非典型"变化。因此，实际运用中绝对不能教条，一定要灵活。

第二，波浪理论的基本框架就是由上升五浪和下跌三浪构成。但是具体在每一个浪型中，可能存在子浪、孙浪、重孙浪等。例如，第三浪中，可能也由上升子五浪和下跌子三浪构成。而上升子五浪和下跌子三浪中，又由孙五浪、孙三浪构成。而上升孙五浪、下跌孙三浪又由上升重孙五浪和下跌重孙三浪构成……但我认为，这种过分细划波浪的做法没有什么太大的意义，一大堆子浪、孙浪、重孙浪……反而把人搞得满头雾水，不知所措。我想，就连细划波浪的人也不一定搞得明白。作为一般股民，我认为只要大体能判断出大波浪的运行方向、态势、时间就可以了。

第三，波浪理论没有固定的划分起点的规定。但是股市波浪起点从哪儿计

算这是一个实际问题。因为起点不同，浪型的划分会有很大的差异。我认为，从大的方面看，中国股市的大波浪起点应该从建立之年 1990 年算起，大体以 10 年左右为一个波浪周期；从中的方面看，中国股市的中波浪起点应该大体以一年为一个周期，从每年年初算起到本年底结束；至于小的方面的小波浪，我认为没有必要计算。

◎ 应用之招

以沪指 1990~2001 年运行为例。

第一浪——启动浪（试点浪）。1990 年 12 月到 1993 年 2 月。1990 年 12 月 19 日，上海成立了证券交易所。由于当时股市还处于试点阶段，所以只有 8 只股票上市交易，后来 3 年陆续增加了一些。但总体上处于试点阶段，所以叫试点浪也行。那时除少数人外，大部分人根本不知道股票是什么。所以股市处于初步启动态势，沪指只有 100 点左右。1992 年邓小平南方谈话正式肯定股市后，1993 年 2 月 16 日沪指最高点达到 1558.95 点。这是沪市的第一浪——启动浪。

第二浪——震仓浪。经过第一浪——启动浪之后，沪指 1994~1995 年处于第二浪——震仓浪中。震仓的态势是沪指由 1558 点跌到 1994 年 7 月 29 日的最低点 325 点，中间虽然有子浪的反弹，但是沪指调整的幅度大体在 61.8%，即在 500~700 点浮动。

第三浪——上升发展浪。1996~1999 年，沪市开始进入第三浪——发展浪通道。此间，许多人开始进入股市，各种资金也纷纷入市。1996 年 12 月 16 日《人民日报》特约评论员发文章警告股市过度投机。1999 年 6 月 15 日《人民日报》特约评论员发文章赞扬股市恢复性增长。《人民日报》特约评论员前后两篇文章的基调大相径庭，从而引发了上升发展浪的展开。1999 年 6 月 17 日，沪指第一次突破了前 9 年的强大顶部 1500 点。6 月 30 日，创造了沪指最高新纪录 1756 点。此发展浪可谓是波澜壮阔。请注意：此时不能机械地理解第三浪型长度为第一浪的 1.618 倍，否则就会被短暂套牢。可见灵活运用波浪理论是多么重要。

第四浪——调整浪。经过波澜壮阔的发展浪后，沪市再次进入新的调整浪态势。其标志是沪指从 1756 点跌到 1999 年 12 月 27 日的最低点 1341 点。中间的小幅反弹无济于事。此时注意：按第四浪理论理解，第四浪的浪底一般不会跌穿第一浪的浪顶，下跌的幅度为第三浪的 38.2% 或 61.8%。可是在实践中，第四浪的浪底 1341 点跌穿了第一浪的浪顶 1558 点。但调整的幅度没有达到 38.2%或 61.8%。如果机械理解第四浪理论，就会踏空股市。再次可见，灵活运用波浪理论是多么重要。

第五浪——冲高浪。2000 年到 2001 年上半年。经过第四浪调整，沪指开始新的冲击，主力决心将第五浪——冲高浪做到极端。2000 年开始，主力就启动行情。2 月 15 日，中国股市首只 100 元股票出现，亿安科技股价冲上 100 元。2 月 17 日，清华紫光股价也冲上 100 元。同日，沪指突破 1756 点，最高达到 1770 点。之后，沪指就开始一步一个脚印地屡创新高，直到 2001 年 6 月 14 日，创新高 2245 点后，才结束了第五浪——冲高浪的大戏。此时注意：按第五浪理论，此浪持续时间应比第三浪短。但是股市的实践证明，第五浪整整运行了一年半。如果您过早出局，就会踏空。2006 年和 2007 年跨年度牛市行情也证明了这点，由此再一次可见，灵活运用波浪理论是多么重要。

下跌派货浪（A 浪）：天下没有不散的筵席。当沪指持续走牛长达一年半并创新高 2245 点后，下跌是必然的。由此 A 浪的特征开始出现。2001 年 7 月 16 日，股市在一系列利空的发力下开始正式下跌。被众多股评家看好的"铁底"2000 点、1900 点、1800 点、1700 点、1600 点相继跌穿，主力出货的意志坚决，不给散民任何机会。

反弹派货浪（B 浪）：2001 年 10 月 22 日，沪指最低点到 1514 点，1500 点大关岌岌可危。10 月 23 日，管理层宣布国有股减持暂停。股市闻讯暴涨两天，10 月 24 日，沪指最高点到 1744 点。之后，反弹夭折。11 月 8 日，沪指最低到 1550 点，1500 点再次受到威胁。11 月 16 日，印花税降低，股市闻讯反弹到 12 月 5 日，沪指最高到 1776 点后就掉头向下。2002 年 1 月 14 日，沪指 1500 点终于跌穿，最低到 1484 点。1 月 29 日，沪指再创新低到 1339 点。此时，又开始小步反弹，到 3 月 21 日，沪指反弹到最高点 1693 点。之后，再次下跌到 6 月 6 日的最低点 1455 点。6 月 24 日，管理层决定彻底停止国有股减持，股市为此暴涨仅 3 天。6 月 25 日，沪指最高点到 1748 点后就又开始下跌。B 浪毕竟是反弹浪，所以每一次反弹，主力都借此出货，使反弹夭折并层层套住追反弹高点的股民。由此可见，中小股民 B 浪操作中的原则就是果断在每一次反弹中派货，这也是反弹派货浪的基本含义。

探底浪（C 浪）：B 浪之后，就是漫漫长途的 C 浪探底。"6·24"行情后，股指开始以阴跌的方式下跌，此时主力则耐心吸筹，等待时机卷土重来。到 2005 年 6 月 6 日，沪指最低点跌到 998 点，标志着探底浪结束，之后掀起

了2006年和2007年新的一轮行情，沪指一举达到6124点。见沪指1990~2001年（图3-2）、2003~2013年（图3-3）的5浪运行图。

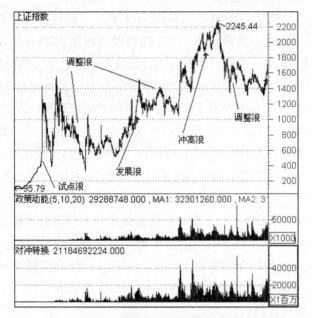

图3-2　1990~2001年沪指波浪

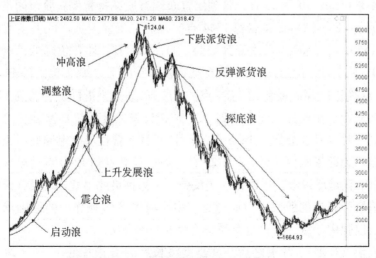

图3-3　2003~2013年沪指波浪图

第二节 神奇数字：黄金定律

◎ 神奇数字

13 世纪的意大利数学家斐波纳奇发现了神奇数字。即 1，2，3，5，8，13，21，34，55，89，144……这些数字的前两个之和，等于后一个数字。如：1+2＝3；2+3＝5；……；55+89＝144；……更神奇的是：

（1）前一个数字与后一个数字比，比率趋于 0.618034……（无理数）。例如，1÷2＝0.5；2÷3＝0.667；3÷5＝0.6；5÷8＝0.625；8÷13＝0.615；……89÷144＝0.618……

（2）后一个数字与前一个数字比，比率趋于 1.618。例如，5÷3＝1.667；8÷5＝1.6；21÷13＝1.615；89÷55＝1.618……

（3）相隔两位的数字相比，比率接近 0.382 和 2.618。例如，8÷21＝0.381；13÷34＝0.382；21÷55＝0.382；21÷8＝2.625；43÷13＝2.615；55÷21＝2.619……

（4）0.382×0.618＝0.236。

从以上计算可以看出，神奇数字基本围绕 0.382 和 0.618 发生各种变化，从而衍生出其他的数字，如 1.618，2.618，0.236……因此，股市的涨涨跌跌也与神奇数字有关。

◎ 黄金定律

黄金定律（也称黄金分割率）认为，任何长度的单位进行分割，0.618 和 0.382 的神奇数字是分割点，在分割点上会产生黄金效果。例如，某人身高 1.75 米，如果人体比例效果最佳的话，应该是该人的腰部到头部的距离和腰部到脚部的距离按 0.382 和 0.618 的神奇数字进行黄金分割，这样人体才对称协调。如果倒过来分割，此人将显得长身子、小短腿，非常不协调。

黄金定律对建筑构图、商业网点的设立、体育比赛节奏控制、合理安排学习工作时间等都有神奇的作用。具体运用到股市中，黄金定律也可以作为参考。

一般认为，如果股价上升或下跌到黄金分割区域，则发生变数的概率比较

大。波浪理论的上升、下跌幅度，其基本计算依据就是黄金定律。

需要注意的是：黄金定律只是一个参考的工具，不能就此武断做出买卖决策，还要参考其他因素和指标。此外，黄金分割点和黄金分割区域是有区别的，不应该教条等待黄金分割点的出现再做出决策。为掌握提前量，实际运用中应该把黄金分割区域的出现作为及时决策的依据。如上面举的人体身材的例子，理论上测算该人的腰部到头部的距离最好是 0.6685，腰部到脚部的距离最好是 1.0815。但是实际中，丝毫不差真正达到此标准可以说根本不可能（画画就可以达到）。因此，只要此人的腰部到头部的距离大体在 0.6685 区域，腰部到脚部的距离大体在 1.0815 区域，就相当标准了。

此外，类似黄金分割线的还有一个百分比线，它主要以股价高低点区间的 1/2、1/3、3/8、5/8、2/3 为百分比线，来考虑股价的走势。

◎ 应用之招

黄金定率用 0.382 和 0.618 为黄金系数匡算股价上升和下降幅度。当接近这一边界时，股价开始有新的动作（或上或下）。如果不设立区间，上下无限制，则股价计算无限延长。

例如，沪指 1999 年从 1047 点起步，它的第一目标位是 1047×（1+0.382）= 1446.96 点。事实证明，1999 年 6 月 14 日，沪指当年首次冲上 1400 点，以最高点报收在 1427 点，基本接近 1446.96 点（有一点误差是正常的）。当第一目标位实现后，股指有些不稳，6 月 15 日回调报收在 1387 点。但《人民日报》特评文章一发表，股指又向第二目标位 0.618 区发起冲击（否则，很难站稳在 0.382 位区）。

第二目标位是 1047×（1+0.618）= 1694 点。6 月 25 日，沪指最高达 1705 点，超过 1694 点一些，由于这一区位敏感，股指又发生震动，当日收盘为 1593 点。后三日，股指在此区域震荡加剧，无法实现第三目标，随即告落。

假如按设置区间算，则应将沪指设定在 1047~1422 点（1998 年 6 月 4 日最高点），这样算来：

第一目标位：（1422−1047）×0.382+1047 = 1190 点。

第二目标位：（1422−1047）×0.618+1047 = 1278 点。

第三目标位：（1422−1047）×1+1047 = 1422 点。

至此这一区间的上档位置结束了，再往上计算，则应打破空间了。如果认为上档压力就在 1422 点，可以这样算，如 1999 年前一直将 1500 点作为上档压力这样计算。今后也可能以 1999 年的 1756 点为主要参考位。这种计算法有一定道理，但在下跌中运用区间法更有效。例如，1999 年最高点是 1756 点，最低点是 1047 点，这一区间是 709 点。此区间下跌档级分别是：

第一目标：$1756-709 \times (1-0.618) = 1485.16$ 点。

第二目标：$1756-709 \times (1-0.382) = 1317.84$ 点。

事实证明，1999 年 7 月 19 日，沪指收盘 1479 点，接近 1485.16 点，然后反弹到 9 月 10 日的最高点 1679 点又开始回落。到 12 月 27 日，落到最低点 1341 点，与 1317 点差 24 点，比较接近。如果不设区间计算跌幅，那么：

第一目标位：$1756-1756 \times 0.382 = 1085$ 点。

第二目标位：$1756-1756 \times 0.618 = 670.79$ 点。

此算法是将下限设为 0，但实际中不可能这样，一般到一个中级底部就会稳住。因此，从目前看，设 1047 点区域下限计算黄金位是比较现实的。

2000 年上升的空间用黄金定律计算则：

第一目标位：$1341 \times (1+0.382) = 1853.26$ 点。

事实证明，2000 年 5 月 8 日达到了 1852.9 点。第二目标位：$1341 \times (1+0.618) = 2169.74$ 点。

事实证明，2000 年 8 月 22 日到达 2114 点，仅差 55 点。

跌幅第一目标位是：$2114-(2114-1341) \times 0.382 = 1819$ 点。

事实证明，沪指 2000 年 9 月 25 日最低点跌到 1874 点，差 55 点。有意思的是，高低点计算差 55 点，两者"一抵消"，正好是黄金定律计算的价位。

如果我们用黄金定律计算 2001 年的目标位，则：

第一目标位：$1874+(2114-1874) \times 0.382 = 1965$ 点。

第二目标位：$1874+(2114-1874) \times 0.618 = 2022$ 点。

第三目标位：$1874+(2114-1874) \times 1 = 2114$ 点。

事实证明，2001 年 1 月 8 日，沪指最高到 2131 点，仅差 17 点。

反弹后，理论计算下跌，则：

第一目标位：$2131-(2131-1874) \times 0.382 = 2032$ 点。

第二目标位：$2131-(2131-1874) \times 0.618 = 1972$ 点。

第三目标位：$2131-(2131-1874) \times 1 = 1874$ 点。

事实证明，至 2001 年 2 月 22 日，沪指最低跌到 1893 点，已下穿第一、第二目标位，距第三目标位差 13 点。

如果止跌平稳，沪指理论反弹高度不设区间的话，则：

第一目标位：1893×1.382＝2616点。

但由于当时的大环境利空情况（如国有股减持在内的21个利空因素影响），所以到2001年6月14日，沪指最高点到2245点就停止上升。所以，黄金定律计算的价位也有失误，必须要参考当时的其他各种因素，绝不能教条运用黄金定律。

2001年6月14日，沪指最高达到2245点，上升起点按1000点算，上升幅度为1245点。之后，开始下跌，下跌幅度按黄金定律计算，则：

第一次下跌点数为：1245×0.382＝475.59点。

下跌的第一目标区域：2245－475.59＝1769.41点。

沪指在1769点区域会发生变化（或继续下跌或反弹）。

第二下跌点数：1245×0.618＝769.41点。

下跌的第二目标区域：2245－769.41＝1475.59点。

沪指在1475点区域会发生变化（或继续下跌或反弹）。

事实证明，当沪指跌到1500点（与1475点差25点）区域时，管理层就出台利好政策力保1500点大关。但是沪指反弹到多大程度？2245点跌到1500点，下跌幅度为745点，按0.382计算反弹幅度，则反弹285点，沪指反弹的第一目标达到1785点区域。按0.618计算反弹幅度，则反弹460点，沪指反弹的第二目标达到1960点区域。

事实证明，沪指在B浪反弹中，2001年10月24日沪指最高点到1744点，之后反弹夭折。11月16日，印花税降低，股市闻讯反弹到12月5日，沪指最高到1776点后就掉头向下。2002年6月25日，沪指最高点到1748点后就又开始下跌。3次接近1785点区域后铩羽而归。

既然无法冲破1785点区域，更谈不上冲击1960点区域，因此沪指只有继续选择下跌探底。此时按1500点为起点上升到平均压力区域，计算为：（1744＋1776＋1748）÷3＝1756点。则1756－1500＝256点。按256点上升幅度计算下跌的第一目标区域是1402点，即1500－256×0.382＝1402点；第二区域是1341点，即1500－256×0.618＝1341点。

事实证明，2002年11月21日，沪指跌穿1400点，最低到1389点时，沪指有一个支撑——11月29日最高点到1450点。12月5日，沪指再次跌穿1400点时，又有一个小反弹——12月23日最高点到1439点。但是毕竟是反弹，所以沪指反弹完毕继续下跌。

2002年12月31日，沪指当日最低点为1348点，接近黄金分割位1341点区域，2003 年 1 月 6 日最低到 1311 点后，沪指止跌开始上升。

2004 年沪指最高到 1783 点，按黄金定律计算下跌底部为 1783×0.618 = 1101 点。事实证明，2005 年 6 月 6 日，沪指跌破 1000 点后就开始上升（尽管底部计算有一定差异，但还是有参考作用），可见黄金定律的作用。

2005 年 6 月 6 日，沪指跌到 998 点后，就开始了新的一轮上升，按照 998 点计算，基本与 1999 年从 1047 点起步差不多，只是上升的周期更长。它的最终目标位是：

998×6.382 = 6369 点；

998×6.618 = 6605 点。

也就是说，沪指越过 6000 点就要小心谨慎了，6369～6605 点是一个理论计算的目标位，实际上主力在 6124 点就开始派货逃跑了。

2007 年最高点是 6124 点，2005 年最低点是 998 点，这一区间是 5126 点，此区间下跌档级分别是：

第一目标：6124−5126×（1−0.618）= 4165.87 点。

第二目标：6124−5126×（1−0.382）= 2956.13 点。

第三目标：6124−5126×（2−0.382）= 2169.99 点。

黄金分割线不可能非常准确，它只是提供一个大概区域，事实证明，沪指跌破了 2169.99 点后即关键点位 2000 点，在 1664 点止跌。

以上可知，就中长期上升而言，可不设区域上限，短期要设；就下跌而言，不管短中长期，都以 5 年的大底部为区域下限计算更具有现实性。例如，1997 年 9 月 23 日低点是 1025 点，1998 年 8 月 18 日低点是 1043 点，1999 年 5 月 17 日低点是 1047 点，2005 年 6 月 6 日低点是 998 点，四者平均底部是 1028 点，如无特别重大突发事件，1000～1300 点，可作为今后若干年的区域下限。今后根据市场底部逐步抬高的情况，再修订区域下限。例如，2000 点是不是大底？由此推断，2013 年以后假如 1000 点就是大底，那么就以此计算今后股市上升空间，如图 3-4 和图 3-5 所示。

把这个办法运用到个股上，原理一样，您可以寻找某只股票的底部和顶部，再结合大势分析，从而既赚指数、又赚钱！

例如，古越龙山（600059），某年 10 月 28 日最低价为 10.25 元，那么它的上升高度：

第一目标位：10.25×1.382 = 14.17（元）。

第二目标位：10.25×1.618 = 16.58（元）。

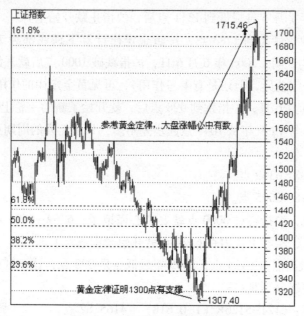

图3-4　运用黄金定律研判沪指

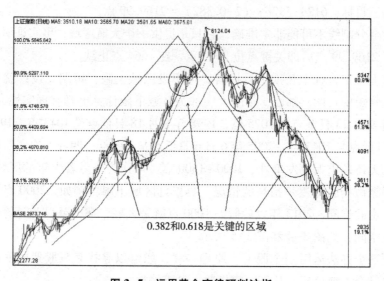

图3-5　运用黄金定律研判沪指

第三目标位：10.25×2＝20.50（元）。

事实证明，次年2月15日，最高到达16.7元，与第二目标位差0.12元。如果再冲，就应实现第三目标位，但未实现，开始下跌（当时大盘也短期下跌）。这时理论计算该股下跌为：

第一目标位：16.70-（16.70-10.25）×0.382=14.24（元）。

第二目标位：16.70-（16.70-10.25）×0.618=12.72（元）。

第三目标位：16.70-（16.70-10.25）×1=10.25（元）。

事实证明，次年3月14日最低到11.8元，正好落在第二目标位与第三目标位之间，上下相差0.92~1.55元，比较吻合。

如果计算反弹高度则：

第一目标位：11.80+（16.70-11.80）×0.382=13.67（元）。

第二目标位：11.80+（16.70-11.80）×0.618=14.82（元）。

第三目标位：11.80+（16.70-11.80）×1=16.70（元）。

事实证明，第二目标达到，次年4月20日最高价涨到14.78元，差0.04元。第三目标基本达到，次年7月5日，最高价达到15.55元，差1.15元。而此时大盘指数也正式开始创2000点新高的起点。

可见，运用黄金定律分析大盘和个股，既可赚指数，又可赚钱。

当然在运用黄金定律计算时，千万不能死教条，一点都不差不可能，有时差1元、2元也是允许的。即假如古越龙山涨到14.8元或15元，您也要卖掉了。灵活运用，而不是教条运用黄金定律，这是一绝招！（见图3-6）。

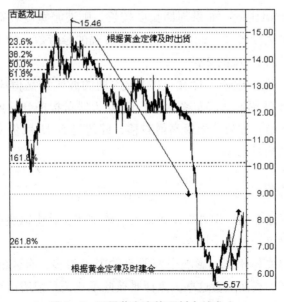

图3-6　运用黄金定律研判古越龙山

第三节 周期因素：迪威周期理论

◎ **基本概念**

爱德华·迪威经过对股市的深入研究，提出了周期理论。其基本内容是：

（1）不相关却相似。影响股市的因素很多，表面上看这些因素似乎彼此不相关，但它们都在相似的周期上运行。

（2）同时同步。在大体相同的时间，这些相似的周期有同步的变化。

（3）周期分类。可分为长周期（2 年以上）、中周期（1 年）、短周期（几周）。

（4）周期叠加。两个不同周期产生的波幅（A 波幅、B 波幅）可以叠加构成另一个复合波幅 C，从而更好地判断股价的走势。

（5）周期比例。相邻的两个周期存在比例关系，一般认为是 2 倍。如果有一个 1 年的周期，则下一个短期周期应为半年，而下一个长期周期应为 2 年。

（6）几乎同步。虽然不同周期的波幅不同，但是 A 波幅、B 波幅几乎同时到达底部或顶部。

（7）周期波幅比例。如果周期长度较长，则波幅宽度较宽；如果周期长度较短，则波幅宽度较窄。2 倍是两个周期波幅的参考数，如 100 天的周期波幅大约是 50 天周期波幅的 2 倍。

（8）左右转移。理论上计算，100 天周期的波幅最高值应该发生在中间 50 天附近。如果波幅最高值左移，即不到 50 天股价提前到达波幅最高值，则行情可能提前终结；如果波幅最高值右移，即超过 50 天股价未到达波幅最高值，则行情可能暂时延续。

◎ **应用之招**

迪威周期理论总结了国外股市运行的一些规律，就中国股市看，有些理论也适合于中国股市，可以予以参考。

例如，不相关却相似。影响中国股市的因素很多，有经济层面、政治层面、社会层面等，表面上看这些因素似乎彼此不相关，但股市在相似的周期上运行都有它们的因素，特别是政治层面中的政策因素对股市影响很大。

又如，同时同步。中国股市在每年大体相同的时间，周期有同步的相似变化。而且周期分类也基本符合迪威周期，可分为长周期（2年以上）、中周期（1年）和短周期（几周）。

还如，周期波幅比例。2005年6月到2007年10月，周期长度很长，则波幅宽度为5126点左右。而2011年周期长度较短，则波幅宽度只有933点左右。

再如，左右转移。中国股市按1年运行计算，周期的波幅最高值应该发生在中间6月前后。实践证明，如果波幅最高值5月前发生，下半年则难创新高；如果波幅最高值5月前没有发生，则6月以后发生的可能性很大。如2012年和2013年，行情就是前移；2009年，行情就是后移。

但是对迪威周期的周期叠加、周期比例、几乎同步、2倍是两个周期波幅的参考数，在目前中国股市的实践中还没有得到更准确的验证，因此值得商榷。

第四节　与市俱进：道氏理论

◎ 基本概念

道氏理论由道·琼斯发明。理论基点是利用图表、图线等方法研判股市的基本趋势。其主要内容是：

（1）大部分股票的走势会随着股市大势的趋势运行，或说大部分股票的走势构成了股市大势的趋势，逆市运行的是少数，因此股票齐涨齐跌是必然的，所以炒股要紧随股市趋势而动，与市俱进。尤其是要观察大盘指数，所以道·琼斯编制了道·琼斯指数，就是为了给股民一个有关股市趋势的参考。如果趋势形成多头，您手中的股票尽管暂时没涨，也没关系，肯定有上升的时候；如果趋势形成空头，您手中的股票尽管暂时没跌，也要出局，因为逆市上升的概率很小。

（2）基本趋势分为长期主要趋势、中期调整趋势、短期波动趋势三种。

长期主要趋势：大盘全面上升（或下跌），时间起码1年以上，上升（下跌）幅度起码超过20%。如果趋势是处于上升趋势，此段可分为牛一期，股市处于底部，股民可以建仓；牛二期，股市开始上升，股民可以持仓；牛三

期，股市猛烈暴涨，股民应该平仓。如果趋势是处于下降趋势，此段可分为熊一期，股市有下跌预兆，股民应该迅速平仓，保住胜利果实；熊二期，股市开始下跌，股民应该保住微利，或止损、割肉出局，保存实力，不要有侥幸心理；熊三期，股市继续阴跌，但趋势缓和，还没有出局的股民最好不要再割肉了，等待新一轮的上升趋势。

中期调整趋势：贯穿于长期主要趋势之中的反向行情。因为在股市上升的过程中，总有短线客抛盘的压力，从而干扰股市运作的力度，时间在两三个月，干扰的力度可以使股指回落 10% 左右，甚至更多。但是度过干扰期，股市还会按既定的目标上升，所以股民在此时期，应该以持股为主。如果股市处于下跌的过程中，中期调整趋势表现在总有短线客进场抢反弹，短期缓解抛盘的压力，从而形成股市止跌的假象，时间大体在一两个月，反弹可以使股指回升 10% 左右，甚至更多。但是渡过反弹期，股市还会按既定的目标下跌，所以股民在此时期，应该以空仓为主。

短期波动趋势：贯穿于长期主要趋势之中的小幅波动行情。股市每天、每周、每月波动非常正常，不管长期主要趋势是处于上升趋势阶段还是下降阶段，故短期相反波动趋势根本不理睬。

（3）一旦趋势发生转变，即大盘指数在长期的下降中突然转升或在长期的上升中突然转跌，股民则毫不迟疑地采取顺势而为的果断行动。

◎ 应用之招

结合中国股市观察，道氏理论有一定的参考价值。

例如，1996 年 10 月到 12 月 15 日的行情，1999 年"5·19"行情，2006 年和 2007 年跨年度行情，股票几乎都是齐涨，大部分股票随着股市上升趋势运行，逆市运行的是少数。而 2001 年 7 月和 2008 年开始的下跌行情，股票几乎都是齐跌，大部分股票随着股市下跌趋势运行，逆市运行的是少数。所以炒股要紧随股市趋势而动，尤其是要观察沪深大盘指数，与市俱进。

又如，1999 年"5·19"行情与 2006 年和 2007 年跨年度行情，预示长期主要趋势形成，大盘全面上升的时间起码 1 年以上，上升幅度起码超过 20% 甚至更高，此时股民应该迅速进入多头角色。最终沪指分别涨到 2001 年 6 月的最高点 2245 点和 2007 年 10 月的 6124 点。

至于短期波动趋势可以忽略不计。此时股民可按牛一期、牛二期、牛三期进行阶段炒作。但是 2001 年 7 月和 2007 年底后，股市开始处于下降趋势，此段股民可按熊一期、熊二期、熊三期炒作。

再如，贯穿于长期主要趋势之中的1999年8~12月、2004年和2005年的下跌调整趋势，如果过早出局，则面临踏空风险。因为在"5·19"行情和2006年和2007年跨年度行情上升的过程中，大批短线客进行抛盘打压，从而干扰股市运作的力度，迷惑股民。如果股民没有度过干扰期，则很遗憾。事实证明度过干扰期，股民收获就很大，所以股民在此时期，一定要持股为主。

而2001年7月和2007年底，股市处于下跌的长期主要趋势中，中期调整趋势表现在总有短线客进场抢反弹，短期缓解抛盘的压力，从而形成股市止跌的假象。如2001年的"10·23"行情、2002年的"6·24"行情、2008年初的短暂行情等，时间很短，反弹使股指回升18%左右。反弹假象期，容易诱骗股民进场，所以股民在此时期，应该以空仓为主。

当然，对道氏理论短期相反波动趋势根本不理睬，也存在误区。因为中国股市投机性比较强，所以热爱短线的股民为数不少。事实也证明，如果在2001年的"10·23"行情、2002年的"6·24"行情和2009年初，果断进场，果断出场，也获利颇丰。因此，将道氏理论与中国股市特点有机结合是很重要的（见图3-7）。

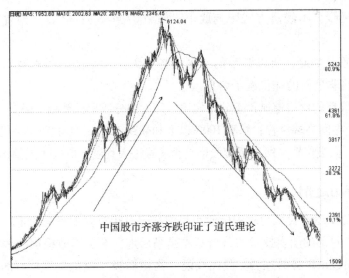

图3-7 中国股市齐涨齐跌印证了道氏理论

第五节 人的运气：随机漫步理论

◎ 基本概念

当图表技术理论盛行时，1964 年，奥斯本提出了随机漫步理论则成为其对立面。奥斯本认为，股价是随机游走的，类似于化学分子的"布朗运动"（悬浮在液体或气体中的微粒所做的永不休止的、无秩序的运动）。股价是市场对随机到来的事件信息做出的反应，股民的意志并不能主导事态的发展。随机漫步理论的主要内容是：

（1）股市上的信息全是公开的，如价格、成交量、每股收益等。因此，根据理性的技术图表分析，大部分股民不会以 20 元去买一只价值仅为 1 元，甚至亏损的股票。当然也不会以低价卖出某价值高的绩优股票。也正是这些公开信息导致的理性分析，实际是无效的分析，结果往往事与愿违，如 ST 股票最典型。

（2）影响股市变化的是那些突发的、随意的、看似不相关的信息，而且是以随机漫步，不经意方式影响股市。如 2007 年 5 月 30 日凌晨宣布上调印花税。

（3）正是如此，所以股市的未来趋势是无法预测的，图表技术的分析无法预知这些非公开的随机漫步信息。

（4）股票的价格遵循正态分布规律，即大部分股票升跌幅度很窄，为10%～30%，处于中间高端位置；暴涨 100% 以上和暴跌 100% 以下的股票是极少数，它们处于两头低端位置。所以买卖股票是否输赢很大程度上取决于人的运气。

◎ 应用之招

随机漫步理论我认为对中国股市目前状况有很重要的参考价值。

例如，目前的图表技术的分析基本是马后炮，谁也不敢根据图表技术的分析大胆做出股市走势的预测。股民戏说"高抛低吸"就是一例较好的讽刺。更为严重的是，图表技术的分析经常导致严重错误的结论。典型的是 2001 年 7 月和 2007 年 10 月后，股市已经开始猛跌了，许多股评人根据图表技术的分析得出这只是暂时的下跌，沪指还会在 2001 年底以前涨到 3000 点，在 2008 年底以前涨到 10000 点……还有股评人认为，3000 点是世纪铁底，2000 点是世纪银底，1800 点是世纪金底。事实证明，这些严重错误的结论极大地误导了股民。

又如，根据公开的信息推断股票的价值是理性的，由此买卖双方也是理性的，股价也是理性的，不可能发生非理性的暴炒行为。那么为什么股价会暴涨暴跌呢？正是那些突发的、随意的、看似不相关的信息，而且是以随机漫步，不经意方式，才导致股价暴涨暴跌。1996 年的两次降息，1997 年 2 月邓小平逝世和 7 月的香港回归，1999 年 5 月美国轰炸中国驻南斯拉夫大使馆，2005 年的全流通利空等，都直接导致了当年行情的暴发暴炒。而 1996 年 12 月 16 日《人民日报》特约评论员文章、1998 年洪水、2001 年包括国有股减持在内的 21 个因素、2008 年奥运会结束、2013 年上海自贸区等，都直接导致了当年行情的暴跌。这些突发的因素，图表技术分析无法计算出。

再如，2000 年亿安科技上升到 100 元造就了一位买了该股票就不懂也不动的老太太成为 300 万元的大富婆；2000 年银广夏暴跌前逃顶的一位深圳股民也不是他判断得多么准确，而是他恰好准备结婚买房需要用钱，所以避免了世纪性灾难。而很多股评家却根据图表技术分析"吹嘘自己判断得如何准确"等，结果害人害己。从中国股市可见，这些极端的例子，即暴涨 100% 以上和暴跌 100% 以下的股票是极少数，究竟是买还是卖这些股票，很大程度上取决于人的运气（见图 3-8）。

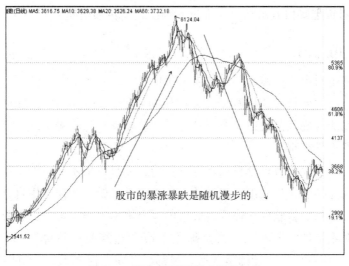

图 3-8 股市的暴涨暴跌是随机的

第六节 否定自己：亚当理论

◎ 基本概念

RSI、SAR 等技术指标的发明人是韦特，亚当理论的发明人也是韦特，而他自己的新发明否定自己的旧发明，即亚当理论否定了 RSI、SAR 等技术指标。亚当理论的基本内容是：

（1）任何技术分析都有缺陷，都无法准确预测股市。

（2）凭技术指标就能预测股市的话，掌握了 RSI、SAR 等技术指标工具的人就可以毫不费力地成为百万富翁。但实际上，正是掌握了 RSI、SAR 等技术指标工具的人，却在炒股中往往亏得一塌糊涂。

（3）必须摒弃马后炮、主观的技术分析，炒股就是要顺势而行，不可逆势而行。只要是升势确立，哪怕已经升高也要坚决跟进，因为升高了还可以再升高；只要是跌势确立，哪怕亏损割肉也要坚决平仓，杜绝均价摊低越跌越买的愚蠢买入法，因为跌深了还可以再跌深。

（4）及时认错，坚决出局。一旦判断失误，炒作方向错误，则应该认错改错，坚决果断出局，不要和股市较劲，摆出一副死猪不怕开水烫的架势。

（5）对资金要留有余额，全部投入则没有周转的空间。

◎ 应用之招

亚当理论对中国股市有一定的参考价值。

例如，技术分析和随机漫步理论有相同之处。因为从中国股市的实践看，技术分析无法准确预测股市，有时甚至还预测相反。随机漫步理论已经举出具体例子，这里不再重复。

又如，有关股市各种分析软件五花八门，而且价格不菲。如果凭技术指标分析软件就能准确掌握股市动态的话，这些软件推销人为何不用自己发明的软件去炒股？干吗出售软件让你成为股市的百万富翁？事实证明，在股市中赚钱的人，绝对不是炒股者本人，而是那些股市"边缘化的群体"，即中介机构（证券商、沪深两所、会计师事务所、律师事务所、保荐人）、卖证券书报的、卖证券分析软件的。

　　还如，在中国炒股，更要顺势而行，与势俱进，不可逆势而行。只要是升势确立，如"5·19"行情启动哪怕一周，2006年行情哪怕上升半年了，也要坚决跟进，因为升高还可以再升高。但如果跌势确立，哪怕亏损割肉也要坚决平仓。如2001年7月和2007年底以后的行情，首先杜绝均价摊低越跌越买的愚蠢买入法，然后必须毫不犹豫地坚决出局。因为2008年跌破4000点，还可以再跌破3000点、2000点、1800点。

　　再如，2001年"10·23"行情和2002年"6·24"行情一旦追进判断失误，则应该认错改错，坚决果断出局。而2008年4000点、3000点抄底失败后，不要和股市较劲，及时止损是君子风度。

　　至于对资金是否要留有余额，我对亚当这个理论有不同看法。如果认为升势确立，就必须倾其全部资金杀入股市。

第七节　不做好友：好友理论

◎ 基本概念

　　好友理论是凯恩斯发明的。其主要内容是：经济只有越来越好，不会越来越坏，物价指数会越来越高，股市不断上升。尽管中间有反复，但长期而言，在股市上应该做好友，而不做淡友。

◎ 应用之招

　　（1）我认为，好友理论似乎不适合中国股市，对国际股市也没有足够的实际予以证明，参考意义不大。

　　（2）经济发展有周期性，有时经济周期进入低谷的期间还很长。因此股市不可能持续上升，持续性低迷有时也会很长。例如，中国股市1993年3月~1996年4月、1997年6月~1999年5月、2002年~2005年，都持续低迷达两三年。

　　（3）从物价指数越来越高看，倒是符合实际情况，但是"股市不断上升"的判断是错误的。

　　（4）如果提出"长期而言"，则长期的时间概念是多长？10年、20年……n年？如果是无限长期，经济会越来越好，这谁都明白，用不着您这个经

济学家预测。因为事物总是向前发展，不可能倒退。股市也如此，沪指不可能退到 0 点。因此，"长期而言"的好友理论是废话，对现实没有任何意义。

（5）股市有升降周期，特别是在中国，基本以一个年度为周期。因此，炒作好每个年度周期波段很重要。例如，1996 年 10 月到 12 月 10 日的波段；2000 年到 2001 年 6 月的波段；2012 年和 2013 年上半年波段等。所以，炒股——不做好友，不做淡友，只做"波友"。

第八节　皆醉独醒：相反理论

◎ 基本概念

（1）相反理论非常好理解，主要内容就是大多数人都看好股市时，股市多头趋势就寿终正寝了；而大多数人都看空股市时，股市空头趋势就寿终正寝了。相反的含义就是如此简单。

（2）如何衡量大多数人的判断思维呢？如果股市处于上升高速阶段，此时几乎每人的股票账户上都赚得盘满钵溢，大多数股民兴高采烈，忘乎所以。此时的媒体、股评人更加激动，大肆渲染多头市场的发展趋势，为股民描绘一个又一个创新高的点位。连证券营业部门口的自行车都明显增多，外场的资金也经不起诱惑而积极加入炒股大军，大有全民炒股的态势。这时就可以判断大多数人的思维处于什么态势。如果用相反理论思考，此时就要做到"众人皆醉我独醒"，众人皆炒我走人。如果股市处于下跌高速阶段，此时几乎每人的股票账户上昨天还是赚得盘满钵溢，转瞬之间就烟消云散，严重套牢了，大多数股民垂头丧气，万念俱灰。此时的媒体、股评人更加悲观，大肆渲染空头市场的可怕发展趋势，为股民描绘一个又一个创新低的点位。证券营业部门口的自行车也明显减少，入场的资金和盈利的资金纷纷撤离，大有全民空仓的态势。这时就可以判断大多数人的思维处于什么态势。如果用相反理论思考，此时就要做到"众人皆醉我独醒"，众人皆空我做多。

◎ 应用之招

相反理论对炒股有比较重要的参考价值。

例如，1996 年 10 月到 12 月初、1997 年 2 月到 10 月，沪深股市开始猛涨，当时几乎每人的股票账户上都赚得盘满钵溢，有人甚至提出"不怕套、套不怕、怕不套"的多头口号，管理层当时接连发十几个利空政策，但是大多数股民不听。结果后来套得很惨。2007年10月16日，沪指创新高6124点后，此时的媒体、股评人更加激动，大肆渲染多头市场的发展趋势，为股民描绘一个又一个创新高的点位，8000点、10000点……当时有人还改编歌曲：死了都不卖。结果2008年暴跌害死了许多人。6124点时，大多数股民还处于多头思维中，证券营业部门口的自行车明显增多，外场的资金源源不断进入股市，这时如果用相反理论思考，就要众人皆炒我走人，不玩了。

又如，2001年7月和2005年6月，股市处于下跌高速阶段，此时严重套牢的大多数股民垂头丧气，万念俱灰。而媒体、股评人更加悲观，大肆渲染空头市场的可怕的创新低的点位，有人甚至提出沪指要跌到800点、400点。证券营业部门口的自行车也明显减少，资金纷纷撤离观望，这时大多数人的思维处于空头悲观态势。如果用相反理论指导行动，就要做到众人皆空我做多，适当时机入市，完全可以在2002年"6·24"行情在2006年打一个漂亮的反弹仗和反转仗。

个股也如此，当上市公司基本面不好时，大多数人认为股价必跌；当上市公司基本面很好时，大多数人认为股价必涨；可是股价往往是反其道而行之，这就是相反理论的精髓。

例如，2012年7月，众和股份（002070）发公告，预计2012年1~6月归属于上市公司股东的净利润与2011年同期增减变动幅度为-20.00%~10.00%。按理说，这是一个利空，可是该股却暴涨，如图3-9所示。

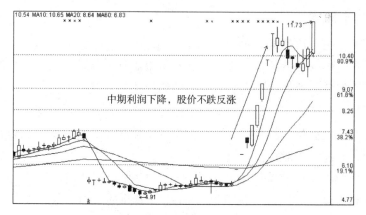

图3-9 众和股份不跌反涨

2012 年 7 月 10 日，首份中报出炉，津劝业（600821）净利同比增 60.22%。按理说，这是一个利好。可惜第二天，该股却出现放量下跌的尴尬走势，收盘下跌 3.31%，报收 4.67 元，如图 3-10 所示。

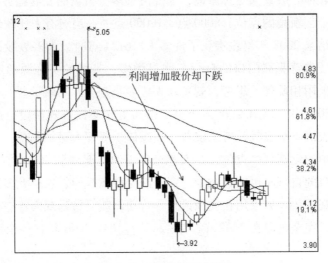

图 3-10　津劝业不涨反跌

第九节　谁比谁更傻：博傻理论

◎ 基本概念

一句话，股市博傻就是傻瓜（笨蛋）赢傻瓜（笨蛋）的游戏。为什么？股市中经常发生这种情况：当股价已经涨得很高马上就可能下跌，甚至已经开始下跌了，但是仍然有股民大胆买入，结果股价确实又上升了。这时会有人提出疑问：什么人还敢买股票？而当股价已经跌得很低马上就可能上升，甚至已经开始上升了，但是仍然有股民胆小怕事，急忙卖出股票。这时也会有人提出疑问：什么人还在卖股票？

这两个疑问就是博傻理论（笨蛋理论）的基础。博傻理论认为：运用理性的思维和工具去判断股价的升跌反而是不理性的。因为股价从 1 元升到 2 元，升幅达 100%，不能再去追高了，但是股价越涨，股民就会像傻子一样认为股价还会涨。如果买入股票后股价确实上升了，买者必然要向其他踏空的股民显耀他们多么英明伟大。而这些其他踏空的股民此时也经不起诱惑，开始犯傻追高买入。假如这第一批其他踏空的股民犯傻追高买入股票后，股价确实又上升了，这第一批其他踏空的股民也必然要向第二批其他踏空的股民显耀他们多么英明伟大。如此反复，结果一批接一批的犯傻股民越来越多，股价由于傻子买者增多，继续上升也是必然的。这就是为什么股价已经很高而仍有股民大胆买入股票的博傻道理。

反过来，如果股价从 10 元跌到 8 元，跌幅达 20%，此时会有股民开始割肉卖出股票，结果卖出股票后股价确实又跌到 6 元，卖者必然要向其他套牢的股民显耀他们多么果断。而这些其他套牢的股民此时也抵抗不住，意志动摇，开始犯傻杀跌卖出。假如这第一批其他套牢的股民犯傻杀跌卖出股票后，股价确实又下跌了，这第一批其他套牢的股民也必然要向第二批其他还未割肉的股民显耀他们多么果断。如此反复，结果一批接一批犯傻杀跌的股民越来越多，股价由于傻子卖者增多，继续下跌也是必然的。这就是为什么股价已经很低而仍有股民卖出股票的博傻道理。

博傻造就了一批又一批前赴后继的博傻者纷纷追高或杀跌。股价总有上升（下跌）的终结，结果谁更傻，谁就被在高位深度套牢（底部杀跌卖出地板价）。

经济学家凯恩斯就是博傻理论的实践者，他先后炒股、炒汇、炒期货，发现了笨蛋赢笨蛋就是博傻。凯恩斯曾举例说明：从 100 张照片中选出你认为最漂亮的脸，选中的有大奖，谁是最漂亮的脸，最后由大家投票来决定。于是，投票者为了得大奖，并不选自己认为最漂亮的那张脸，而是猜多数人会选谁，我就投谁一票，哪怕丑得不堪入目也无所谓，可见，投票者的行为是建立在对大众心理猜测的基础上而并非是本人的真实想法。即投票变成了猜测别人的想法，猜测对了你就能获胜，猜错了，你则不能获奖。1720 年，一个无名氏创建了一家莫须有的公司，无人知道这是一家什么公司，但认购时近千名笨蛋股民都认为该股价会上涨，结果蜂拥而至把大门都挤倒了，科学家牛顿也经不住诱惑，参与了博傻，结果他成了最大的笨蛋，他为此承认，我能计算出天体运行，但人们的疯狂实在难以计算。

中国股民炒股也是一样，许多中小股民整天就是猜测哪只股票有庄家、有题材，而不管股票的真实价值，因此，当 ST 股价暴涨时，就会出现一个个笨蛋去博傻。

◎ 应用之招

博傻理论对中国股民是一个启迪。

例如，2005年6月，沪指跌破1000点后行情开始发动。当时很多人认为沪指要跌到800点，但是股市却出乎意料地连续两年猛涨，一大批踏空者叫苦不迭。此时股市中非理性的博傻行为开始显现，胆大博傻的第一批股民像傻子一样买入了股票后股价确实上升了，于是2006年第一批博傻买者向其他踏空的股民显耀说："撑死胆大的，饿死胆小的。……谁说炒股有风险，我昨天刚买，今天就赚了一年的工资。"

于是那些踏空的股民经不起诱惑，开始犯傻追高买入，结果2007年沪指确实又上升了。于是第二批股民向另外其他踏空还在观望的股民显耀他们多么英明伟大。当时有一句典型的博傻口号，即"不怕套，套不怕，怕不套"。结果2007年10月后，犯傻追高的股民越来越多，最后的结果当然是惨不忍睹，深度套牢。类似博傻追高的情况在1996年10月初、2001年6月也发生过。

又如，2002~2005年，股市持续下跌，当沪指跌破1300点时，有股民开始割肉卖出股票，结果卖出股票后沪指确实又跌破1200点。此时卖者向其他套牢的犹豫股民显耀他们多么英勇，敢于壮士断臂。而这些第二批套牢的股民此时也抵抗不住，意志动摇，开始犯傻杀跌卖出。结果卖出股票后，沪指确实又跌破1100点。于是这批股民也向其他还未割肉的股民宣传"敢于壮士断臂"多么重要。再加上当时有人认为沪指要跌到400点。于是乎，犯傻杀跌的股民越来越多，1000点割肉出局，结果却卖出了地板价，失去了2005年6月抄底的最好时机。类似博傻杀跌的情况在1997年初、1999年5月也发生过。

根据博傻理论并总结中国股市的情况，我认为：如果说体育是一个比较公平的竞技游戏，运动员之间的比赛是比谁更高、更快、更强的话，则股市就是一个博傻的游戏场所，股民之间的比赛就是比谁傻、谁更傻、谁更更傻。因此从这个意义上讲，炒股的输赢不是看谁比谁聪明，而是看谁比谁更傻。当然聪明反被聪明误，傻人也有傻福气，这是运气。

第十节 买卖时机：亚历山大过滤理论

◎ 基本概念

买卖股票的时机很重要，亚历山大的过滤理论试图解决这个问题，其主要内容是：当股票收市价上升到10%，说明多头基本将空头过滤，股民可以建仓，之后就耐心等待股票继续上升；如果股票收市价上升了5%~30%后开始下跌，跌幅达到10%，说明空头基本将多头过滤，股民可以平仓。因此10%成为买卖股票的过滤器。

◎ 应用之招

从相对固定的箱体看，用10%（或者20%）过滤器理论炒股可以参考。

例如，2005年的股市，沪指跌破1000点后，您可以再观察一段，一旦沪指上升10%（或者20%）左右，即1100~1200点，股民就可以建仓，然后等待行情的继续上升；一旦沪指从6124点下跌10%（或者20%）左右，即5500~4800点，股民就可以平仓，然后等待行情的继续下跌。

不过该理论也存在致命的缺陷。由于股市变幻莫测，如果机械地将10%（或者20%）作为过滤器，肯定会发生失误。特别是在大牛市中必将踏空，在大熊市中必将套牢。

例如，2006~2007年，沪深股市产生了一轮跨世纪牛市行情。在此大行情的过程中，经常发生上升（下跌）途中10%震荡假跌（假升）的空头（多头）陷阱，如果按亚历山大10%过滤理论，岂不发生跨世纪踏空或套牢。

又如：2001年"10·23"行情和2002年"6·24"行情，沪指涨幅都超过10%，如果按亚历山大10%过滤理论去建仓，股民岂不要被套牢。

第四大招 财务指标板块

（精确计算 几招洞察）

特别说明：上市公司每年都要按时公布年度报告、半年度报告、季度报告，但是据调查只有20%的中小股民能够读懂上市公司披露的财务信息。80%的股民由于不会分析财务数据而造成亏损，调查显示这一比例高达47%，这说明了分析财务数据的重要性。股民通过分析财务数据，可以大体了解上市公司的"身体状况"，从而制定投资还是投机的战略战术。需要提醒的是：个别上市公司提供的财务数据有水分，所以您不能全信，但又不能不信，只能参考。

由于篇幅、字数限制，此板块的部分精彩招法和内容，只能忍痛割爱删去，股民欲了解更全面、高级的招法，可参考《炒股就这几招》（超值升级版），书中有详细介绍，并且还免费配送一张讲解光盘，具体垂询经济管理出版社读者服务部电话：010-68022974。

第一节 主要会计报表的基本概念

按有关规定，股份公司主要披露的会计报表是资产负债表、利润表（也叫损益表）、现金流量表。现以某股份公司为例，给出这三张表的具体格式并对表中每一项目逐一解释。

◎ 资产负债表

资产负债表是上市公司的资产、负债和股东权益三者之间在一定时期（年度、半年、季度）的财务状况，该表（见表4-1）部分项目（不同企业的会计科目不一样）解释如下：

流动资产：指可以在 1 年或者超过 1 年的 1 个营业周期内变现或者耗用的资产，主要包括货币资金、存货、应收票据、应收账款等。

货币资金：反映企业各项货币资金（现金、银行存款、发行新股收到的募集资金等）期末余额的合计数。此公司某年 12 月 31 日的货币资金为 70360386 元（以下如无特指，时间均为某年 12 月 31 日）。

短期投资：指各种能够随时变现并持有时间不准备超过 1 年（含 1 年）的投资，包括股票、债券、基金等有价证券。本科目期末借方余额，反映企业持有的各种股票、债券、基金等短期投资的成本。此公司无短期投资。

由于篇幅、字数限制，此资产负债表其他项目解释如应收补贴款、存货、待摊费用、长期股权投资、固定资产净值、流动负债、长期借款、股东权益、资本公积、负债及股东权益合计等，只能忍痛割爱删去，股民欲了解更详细的内容，可参考《炒股就这几招》（超值升级版），书中有详细介绍。

表 4-1　资产负债表

×××× 年 12 月 31 日

编制单位：某公司　　　　　　　　　　　　　　　　　　　　　　　　单位：元

项　目	当年 12 月 31 日	去年 12 月 31 日	负债及股东权益	当年 12 月 31 日	去年 12 月 31 日
流动资产：			流动负债：		
货币资金	70360386	137170385	短期借款	238900000	355000000
短期投资			应付票据		
应收票据	102393670	30167768	应付账款	99525953	94083724
应收股利			预收账款	11252608	9761522
应收利息			应付工资	269175	355019
应收账款	16357605	34611318	应付福利费	13977564	12627203
其他应收款	272430143	260693619	应付股利		
预付账款	1961801	2458850	应交税金	18514757	3005699
应收补贴款			其他应交款		
存货	60182638	80867475	其他应付款	45797642	88851571
待摊费用	7777239	9363189	预提费用	818169	335354
一年内到期长期债权投资			预计负债		
其他流动资产			一年内到期长期负债	99370281	99370281

续表

项 目	当年 12 月 31 日	去年 12 月 31 日	负债及股东权益	当年 12 月 31 日	去年 12 月 31 日
流动资产合计	531463482	555332604	其他流动负债		
长期投资：			流动负债合计	528426149	663390373
长期股权投资	60688576	63648678	长期负债：		
长期债权投资			长期借款	80000000	80000000
长期投资合计	60688576	63648678	应付债券		
固定资产：			长期应付款		
固定资产原价	1759842197	1753665629	专项应付款		
减：累计折旧	847711903	743174474	其他长期负债		
固定资产净值	912130294	1010491155	长期负债合计	80000000	80000000
减：固定资产减值准备			递延税项：		
固定资产净额	912130294	1010491155	递延税款贷项		
工程物资	18457912	13129749	负债合计	608426149	743390373
在建工程	4342882	15916319	股东权益：		
固定资产清理			股本	345210000	345210000
固定资产合计	934931088	1039537223	减：已归还投资		
无形资产及其他资产：			股本净额	345210000	345210000
无形资产			资本公积	674547732	674255657
长期待摊费用			盈余公积	27377041	27377041
其他长期资产			其中：法定公益金	13688521	13688521
无形资产及其他资产合计			未分配利润	−128477776	−131714566
递延税项：			股东权益合计	918656997	915128132
递延税款借项					
资产总计	1527083146	1658518505	负债及股东权益合计	1527083146	1658518505

　　资产负债表中的左右应是相等的，即资产＝负债＋股东权益。如果将等式一换，即资产−负债＝股东权益，从而看出所有人究竟持有企业多少净资产。

　　上市公司通常会公布简化的资产负债表（见表4−2），作为一般的股民，如果实在看不懂资产负债表，也可以看如下简化的资产负债表：

表4-2 资产负债简化表

××××年

编制单位：某公司

单位：元

项 目	当年12月31日	去年12月31日
流动资产合计	531463482	555332604
非流动资产合计	995619664	1103185901
资产总计	1527083146	1658518505
流动负债合计	528426149	663390373
非流动负债合计	80000000	80000000
负债合计	608426149	743390373
股东权益合计	918656997	915128132
负债及股东权益合计	1527083146	1658518505

◎ 利润表

利润表（见表4-3）是反映公司在一定期间内（每季、每年度、半年度）利润的盈亏情况。利润表部分项目解释如下：

主营业务收入：反映企业经营主要业务所取得的收入总额。此公司某年主营业务收入总额为816994822元（以下无特指，均为某年的数字）。

主营业务成本：反映企业经营主要业务发生的实际成本。此公司主营业务成本为739157195元。

其他业务利润：反映企业除主营业务以外取得的收入，减去所发生的相关成本、费用以及相关税金及附加等的支出后的净额。亏损则以负号表示。此公司其他业务利润为-13777085元。

由于篇幅、字数限制，此利润表其他项目解释如营业费用、管理费用、财务费用、投资收益、营业外收入、利润总额、可供分配的利润等，只能忍痛割爱删去，股民欲了解更详细的内容，可参考《炒股就这几招》（超值升级版）书中有详细介绍。

表 4-3 利润表

××××年

编制单位：某公司 单位：元

项 目	当年 12 月 31 日	去年 12 月 31 日
一、主营业务收入	816994822	753404229
减：主营业务成本	739157195	808419923
主营业务税金及附加	3630381	437036
二、主营业务利润	74207246	−55452730
加：其他业务利润	−1377085	−2848678
减：营业费用	1141555	1509380
管理费用	40967233	81500315
财务费用	24687141	31630327
三、营业利润	6034232	−172941430
加：投资收益	−2960102	4305669
补贴收入		
营业外收入	2966727	1422420
减：营业外支出	2804067	4000
四、利润总额	3236790	−167217341
减：所得税		
五、净利润	3236790	−167217341
加：年初未分配利润	−131714566	35502775
其他转入		
六、可供分配的利润	−128477776	−131714566
减：提取法定盈余公积		
提取法定公益金		
提取职工奖励及福利基金		
提取储备基金		
提取企业发展基金		
利润归还投资		
七、可供股东分配的利润	−128477776	−131714566
减：应付优先股股利		
提取任意盈余公积		
应付普通股股利		
转作资本（股本）的普通股股利		
八、未分配的利润	−128477776	−131714566

上市公司通常会公布简化的利润表（见表4-4），作为一般的股民，如果实在看不懂利润表，也可以看如下简化的利润表：

表4-4　利润简化表
×××年

编制单位：某公司　　　　　　　　　　　　　　　　　　　　　　　单位：元

项　目	当年 12 月 31 日	去年 12 月 31 日
营业收入	816994822	753404229
营业利润	6034232	−172941430
利润总额	3236790	−167217341
净利润	3236790	−167217341
可供股东分配的利润	−128477776	−131714566
未分配的利润	−128477776	−131714566

◎ 现金流量表

现金流量表（见表4-5）：该表反映企业一定会计期间有关现金和现金等价物的流入和流出的信息。

现金：企业库存现金以及可以随时用于支付的存款，包括现金、可以随时用于支付的银行存款和其他货币资金。

现金等价物：企业持有的期限短、流动性强、易于转换为已知金额现金和价值变动很小的投资（除特别说明外，以下所指的现金均含现金等价物）。

现金流量：现金的流入和流出。现金流量表一般应按现金的流入和流出总额反映。下面对现金流量表的部分项目解释：

销售商品、提供劳务收到的现金：反映企业销售商品、提供劳务实际收到的现金，包括销售收入和应向购买者收取的增值税额。此公司该现金为909126125 元。

收到的税费返还：反映企业收到返还的各种税费，如增值税、消费税、营业税、所得税、教育费附加返还等。此公司该现金为零。

收到的其他与经营活动有关的现金：反映企业除以上项目外，收到的其他与经营活动有关的现金流入，如罚款收入等。此公司该现金为零。

由于篇幅、字数限制，此表其他项目解释如现金流入、现金流出、支付给

职工以及为职工支付的现金、取得投资收益所收到的现金等，只能忍痛割爱删去，股民欲了解更详细的内容，可参考《炒股就这几招》（超值升级版），书中有详细介绍。

表4-5 现金流量表
××××年

编制单位：某公司   单位：元

项　目	金　额
一、经营活动产生的现金流量	
销售商品、提供劳务收到的现金	909126125
收到的税费返还	
收到的其他与经营活动有关的现金	
现金流入小计	909126125
购买商品、接受劳务支付的现金	691184107
支付给职工以及为职工支付的现金	70607993
支付的各项税费	40080936
支付的其他与经营活动有关的现金	2996421
现金流出小计	804869457
经营活动产生的现金流量净额	104256668
二、投资活动产生的现金流量	
收回投资所收到的现金	
取得投资收益所收到的现金	
处置固定资产、无形资产和其他长期资产所收回的现金净额	4289988
收到的其他与投资活动有关的现金	1580600
现金流入小计	5870588
购建固定资产、无形资产和其他长期资产所支付的现金	29337960
投资所支付的现金	
支付的其他与投资活动有关的现金	
关联公司借款支付的现金	714369
现金流出小计	30052329
投资活动产生的现金流量净额	−24181741
三、筹资活动产生的现金流量	
吸收投资所收到的现金	

续表

项 目	金 额
借款所收到的现金	328900000
收到的其他与筹资活动有关的现金	
现金流入小计	328900000
偿还债务所支付的现金	450000000
分配股利、利润或偿付利息所支付的现金	25784926
支付的其他与筹资活动有关的现金	
现金流出小计	475784926
筹资活动产生的现金流量净额	−146884926
四、汇率变动对现金的影响	
五、现金及现金等价物净增加额	−66809999

上市公司通常会公布简化的现金流量表（见表4-6），作为一般的股民，如果实在看不懂现金流量表，也可以看如下简化的现金流量表：

表4-6　现金流量简化表

××××年

编制单位：某公司　　　　　　　　　　　　　　　　　　　　单位：元

项 目	金 额
经营活动产生的现金流量净额	104256668
投资活动产生的现金流量净额	−24181741
筹资活动产生的现金流量净额	−146884926
现金及现金等价物净增加额	−66809999

第二节　主要财务指标计算

◎　每股收益

每股收益指每一普通股份究竟含有多少净利润（税后利润）。上市公司在

129

定期报告中应同时披露基本每股收益（取代全面摊薄法）和稀释每股收益。理论上认为，该指标越高越好。其计算公式是：

基本每股收益 $= P_0 \div S$

$S = S_0 + S_1 + S_i \times M_i \div M_0 - S_j \times M_j \div M_0 - S_k$

其中，P_0 为归属于公司普通股股东的净利润或扣除非经常性损益后归属于普通股股东的净利润；S 为发行在外的普通股加权平均数；S_0 为期初股份总数；S_1 为报告期因公积金转增股本或股票股利分配等增加股份数；S_i 为报告期因发行新股或债转股等增加股份数；S_j 为报告期因回购等减少股份数；S_k 为报告期缩股数；M_0 报告期月份数；M_i 为增加股份次月起至报告期期末的累计月数；M_j 为减少股份次月起至报告期期末的累计月数。

将本章第一节中的相关表中有关数字（下同）代入每股收益计算公式，基本每股收益 $= 3236790 \div 345210000 = 0.009$（元）。

计算显示：该公司每股收益属于一般。

◎ 每股净资产

每股净资产指每一普通股份究竟含有多少股东权益或者含有多少公司的净资产。理论上认为，该指标越高越好。其计算公式是：

每股净资产 $=$ 年度末股东权益 $\div$ 年度末总股本

将本章第一节中的相关表中有关数字代入每股净资产计算公式，每股净资产 $= 918656997 \div 345210000 = 2.66$（元）。

计算显示：该公司每股净资产还可以。

◎ 每股经营活动产生的现金流量净额

每股经营活动产生的现金流量净额指每一普通股份究竟含有多少因经营活动产生的现金流量净额。理论上认为，该指标越高越好。其计算公式是：

每股经营活动产生的现金流量净额 $=$ 经营活动产生的现金流量净额 $\div$ 年度末普通股股份总数

将本章第一节中的相关表中有关数字代入每股经营活动产生的现金流量净额计算公式，每股经营活动产生的现金流量净额 $= 104256668 \div 345210000 = 0.302$（元）。

计算显示：该公司每股经营活动产生的现金流量净额属于一般。

由于篇幅、字数限制，此板块其他指标计算如净资产收益率、资产负债比率、流动比率、速动比率等的计算，只能忍痛割爱删去，股民欲了解更全面的内容，可参考《炒股就这几招》（超值升级版），书中有详细介绍。

第三节 主要财务指标分析

对上市公司财务指标计算后，只是获得了单一的数字，要决定投资，则必须对其指标进行分析，俗话说，"不怕不识货，就怕货比货"。通过指标对比分析，买卖股票就有了一定感觉。下面以前面计算的（简称 A 公司）财务指标为例说明（B 公司为假设），如表 4-7 所示。

表 4-7　财务指标对比分析表

项　目	A 公司	B 公司	比较
基本每股收益（元/股）	0.009	0.101	B 公司好
每股净资产（元/股）	2.66	2.68	B 公司好
每股经营活动产生的现金流量净额（元/股）	0.302	0.320	B 公司好
平均净资产收益率（ROE）（%）	0.35	0.37	B 公司好
资产负债率（%）	39.84	35.13	B 公司好
流动比率（%）	100.57	100.63	B 公司好
速动比率（%）	89.19	80.54	A 公司好
存货周转率（次/年）	12.34	10.96	A 公司好
应收账款周转率（次/年）	0.37	0.40	B 公司好
净利率（%）	0.396	0.411	B 公司好
资本报酬率（%）	0.21	0.18	A 公司好
净值报酬率（%）	0.35	0.25	A 公司好
净利润现金保障率	32.21 倍	30.14 倍	A 公司好
流动负债现金流量比率（%）	19.73	18.23	A 公司好
全部负债现金流量比率（%）	17.14	17.94	B 公司好
每股现金流量比率（%）	30.20	25.92	A 公司好
营业利润率（%）	0.74	0.75	B 公司好

◎ 纵向分析法

纵向分析法就是在财务指标计算的基础上，从历史的角度对指标进行互相对比的分析方法。主要看本期实际（计划）完成的财务指标与上期实际（计划）完成的财务指标的情况。例如，A公司的存货周转天数本期实际是29天，B公司的存货周转天数本期实际是32天，而假如计划都是规定60天，一般认为，就可以初步考虑购买A公司的股票。

又如，A公司的净利润现金保障率为32.21倍，每100元净利润中，现金保障高达3220元，比较理想。因此，就可以初步考虑购买A公司的股票。

再如，A公司平均净资产收益率为0.35%，则A公司的净资产收益率不理想。所以，还要进一步斟酌购买A公司的股票。

◎ 横向分析法

横向分析法就是在财务指标计算的基础上，从行业的角度对指标进行互相对比的分析方法。例如，A公司本年度各项财务指标都超额完成了计划数，同时与上期和历史最好时期的财务指标对比，也是令人满意的。但与B公司的每股收益、每股净资产、营业利润率等相比，也有差距。而A公司的资本报酬率、速动比率比较好。所以，买哪家公司的股票，需要更综合考虑。

◎ 交叉分析法

交叉分析法（立体分析法）是在纵向分析法和横向分析法的基础上，从交叉、立体的角度出发，由浅入深、由低级到高级的一种分析方法。这种方法虽然复杂，但它弥补了"各自为政"分析方法所带来的偏差，给投资者购买股票以正确的思路。

例如，A公司的各项主要财务指标与B公司的各项主要财务指标横向对比较为逊色。但如果进行纵向对比分析，发现A公司的各项财务指标是逐年上升的，而B公司的各项财务指标是停滞不前或缓慢上升的，甚至有下降的兆头。因此，股票购买者应保持清醒头脑，适当考虑一下是否要"改换门庭"，购买A公司的股票。

当我们面面俱到地分析了公司的各项指标后，是否意味着买卖股票就万无一失了？绝对不是！中国的股市往往不按常规出牌，如2013年10月30日晚，伊利股份（600887）发布2013年前三季度业绩公告显示，前三季度净利润同比增长 82.7%，业绩不错。而当晚天利高新（600399）公布 2013 年前三季度主要财务指标显示，其基本每股收益亏损了 0.0444 元。可是第二天开盘，业绩好的伊利股份股票跌停，天利高新股票却涨停，这样的业绩和股价的反差表现，令人无语。

所以，在中国买卖股票，还需要天时、地利、人和、运气，这是后话。

第五大招　有效识破、战胜庄家板块

（与庄共舞　几招制胜）

　　股市无庄，股价不活，所以咱散民对庄家在股市上呼风唤雨是爱恨交加。笔者认为，对庄家要客观看待。谁进入股市都有一个非常明确的目的——赚钱！庄家更是这样，只要有利可图，他们就无孔不入，无所不为，动辄斥资上亿控盘，然后一路狂拉，最后大举派货。难道庄家们没事闲得只是玩资本游戏吗？当然不是。所以我们没必要过分谴责庄家的控盘行为。当然对违规的不法行为不仅要谴责，管理层还会对其处罚。但我们总体上还是欢迎庄家入场，我们与其共舞。如果庄家真不来了，赚钱的舞伴没了，您岂不更解套无望。关键是要学会识庄、黏庄，最后甩庄、赚庄，这才是我们的目的。我们欢迎守法的庄家，我们攻守兼备迎击庄家，我们与其共舞步步为营，我们弃庄出逃凯旋。

　　特别需要说明的是，目前虽然散户群体比例高，但群龙无首，一盘散沙。而庄家资金集中，其招法是不断改变的，否则他也无法在这个市场中生存。有些庄家这次做庄非常成功，但下一次则失败而归，失败的原因就在于做庄的招法没及时更新。因此，感悟庄家不可能把庄家更新的招法曝光，也无法及时曝光。我能做到的是，不断总结庄家的做庄战术，帮助股友们跟庄、辨庄、与庄共舞，为股友们识别庄家招法、在最佳时间跟庄提供借鉴。有一点应该肯定，即万变不离其宗，庄家招法再变，他最终也要将股价拉高。因此，熟悉老庄家老招法，再时刻观察新老庄家的新招法，一定能看出破绽，然后紧紧跟上，与庄共舞，你一定能享受做庄轿的喜悦和胜利果实。

　　由于篇幅、字数限制，此板块的部分打败庄家的精彩招法，如长线金"阴"：庄家给您画饼充饥，庄家逃命：我也逃命，跟庄失败：及时止损，跟庄到底：别一跟到"底"，巧用K线：克敌制胜打败庄家等，只能忍痛割爱删去，股民欲了解更全面、更高级的招法，可参考《炒股就这几招》（超值升级版），书中有详细介绍，并且还免费配送一张讲解光盘，具体垂询经济管理出版社读者服务部电话：010-68022974。

第一节　吸拉派落：庄家运作四部曲

狡猾的庄家的确很多，但不管他们如何跳舞，其操纵手法万变不离其宗，即必须经过吸筹、拉升、派货、回落（简称吸拉派落）的四部曲全过程。

◎ 第一曲：吸筹

庄家要拉抬某只股票，必须控制足够的筹码。举一个简单的比喻，假设有 1000 股流通的股份，如果庄家控制了 900 股，剩下的 100 股，庄家无论是拉抬还是打压，都是举手之劳的轻易之事。所以，庄家要跳的第一曲就是吸筹。

此阶段的特色是：由于庄家的资金都在十几亿元以上，不可能一笔买单全买，不像咱散户买个 1000 股、10000 股说买就买了。再加上不能惊动广大股民，因此，他买入股票的过程比较长，至少在一年左右，甚至两三年以上。此外，他们必须分散在各个证券营业部，以不同的仓位悄悄分批购进。如果惊动了中小股民，大家都纷纷跟进建仓，庄家就无法在低位吸筹，可谓悄悄地进村，打枪的不要。

例如，曾经被查处的中科创业股票（000048，康达尔），其庄家从 1998 年 12 月至 2001 年 1 月，三年间先后在北京、上海、浙江等 20 余个省、自治区、直辖市，以中科创业投资有限公司、北京克沃科技有限公司或丁福根、边军勇等个人名义，与 100 余家出资单位或个人签订合作协议、委托理财协议等，筹集资金共计约 54 亿元，在申银万国证券公司上海陆家浜营业部、中兴信托投资公司北京亚运村营业部等 120 余家营业部，先后开设股东账户 1500 余个，采取以不转移实际控制权为目的自买自卖，利用购买深圳康达尔公司法人股进入公司董事会，发布信息从而影响股票价格等方法，联合或连续买卖 000048 股票，其间最高持有或控制 5600 余万股，占 000048 股票流通股份的 55.36%。类似的案例还有亿安科技、银广夏等，可见庄家吸筹的手法和过程。

◎ 第二曲：拉升

庄家控制筹码完成后，就开始跳第二曲，进入拉升阶段。此特征是庄家开始制造朦胧的题材概念，个别股评人配合喧多，大肆忽悠。如中科创业要制造什么高科技概念、亿安科技要制造什么电动车题材、银广夏要制造什么萃取项目等，实际上是子虚乌有，纯属骗人。此时拉升阶段的股价开始逐渐上移并不断创新高，成交量温和放大，中间伴随几次必要的震荡。如000048股票，虽然几次除权，但从1999年开始就呈上升趋势，而且反复涨权。股价（以下指除权价）由13元涨到30元、50元、60元，成交量由原来的一两千手，放大到五六万手。中间也经过震荡，股价也跌破过40元，但总体股价表现出稳步上行特点。

◎ 第三曲：派货

拉升阶段完成后，庄家一定要落袋为安。此阶段的特征是：利用大盘总体上升趋势，以迅雷不及掩耳之势，立即狂拉股价，给人以轰轰烈烈、极度兴奋的态势，以吸引跟风股民。例如，000048股票，2000年1月19日突然发力，股价一跃42元，然后一路狂拉，到2月21日，股价已升到84元。然后庄家就开始不客气地大举派货，3月22日，其股价最低跌到63.6元。由于庄家没有完全派货干净，所以在以后的日子里，继续派货。因此，此时股价不再辉煌。该股股价到2000年年中，跌到35元左右。到2000年12月25日，该庄家行为败露，股价开始连续10个跌停。类似的例子还有海虹控股（000503）。

◎ 第四曲：回落

派货阶段结束后，股价开始回落是自然的。此阶段的特征是：庄家采取震荡出货法，慢慢出尽手中筹码，甚至不惜血本坚决出货。该股票长期不振。至于中科创业、亿安科技、银广夏这些问题股就更无行情了，股价跌到两三元左右，并且都戴上了ST帽子，回落的过程就此完成。能否东山再起，要看新庄家运作意向了。

由上述分析可知，庄家操作股票的基本程序就是这四部曲，如图5-1所示（康达尔）。我们只要踏准庄家的四部舞曲节奏，任何庄家操纵的股票，都会成为我们的战利品、掘金库。

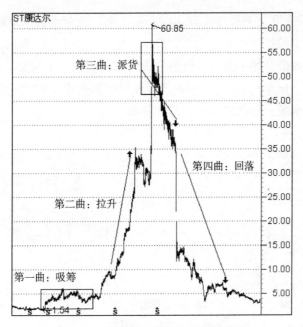

图 5-1 庄家操作 ST 康达尔的四部曲

第二节 成交量突变：迅速跟庄

股市里经常流行的话是，成交量无法骗人。这句话有一定道理。庄家在吸筹、拉高、出货等阶段，可以用多种技术指标蒙骗股民，但千蒙万蒙，成交量是无法蒙骗人的。因为一只股价要涨，必须有主动性的买盘积极介入，即买的人多了，股价自然上升；反之，大家都争先恐后地不惜成本卖，股价就要下跌。这在成交量上能反映得比较清楚。所以，股价一上升，必定有成交量配合，说明庄家在大量购入股票，散民此时应紧紧跟上。这里股友们要掌握一个基本原则，即一只股票长期横盘三个月或半年左右，突然一天成交量突变放大，您必须及时杀进，因为庄家很可能开始行动了。中小股民今后在此方面一定注意股价在底部放量甚至震荡都要敢于进货，耐心持股。而股价一旦大幅拉升，成交量放大受阻，甚至股价破位，则必须走人，千万不能久留。

例如，武钢股份（600005，见图 5-2），某年自 6 月以来，该股成交量非常小，一直维持在 4000~6000 手，价格大体在 4 元。10 月 21 日，成交量突然

放大到 8800 手，第二天再放大到 30000 手，第三天放大到 70000 手。显然庄家利用武钢股份的整体上市概念开始行动，是有备而来的，此后成交量每天也都逐级放大，股价开始上升，此时散民股友应该建仓了。到次年 2 月，该股价涨到 8 元左右，比 4 元上升了 100%。因此，根据这个经验，一旦发现长期横盘中有放量的个股，可考虑跟上，与庄共舞。

图 5-2　武钢股份成交量突变

但提醒股民的是，股市有涨有跌，庄家迟早出货也是必然的，庄舞不可能总跳个没完没了，我们需要提前撤出舞池，把那首舞会中常用的最后一曲"友谊地久天长"的美妙旋律留给庄家自己。

第三节　创百元：强悍庄家　风险跟庄

亿安科技（000008，其前身为深锦兴，现在更名为 ST 宝利来）在 1999 年及 2000 年给人印象最深。这只不起眼的"破股"居然能连闯 80 元、90 元、100 元大关。正是这只股票，还使深圳一位 70 岁的老太太成了 300 万元的富翁。

亿安科技原名深圳锦兴实业股份有限公司，其股票于 1992 年 5 月 7 日在深交所上市，主要经营生产加工基地、禽畜饲料和仓储等业务。上市时公司总股本仅为 2376 万股，其中公众股 11384 万股，是典型的小盘股。1999 年 5 月，广东亿安科技发展控股有限公司入主深圳锦兴实业股份有限公司，公司更名为亿安科技。之后庄家和公司联合制造各种概念，如与清华大学研究人员共同投资电动车项目，树立起高科技、电子产业为主导的产业结构体系等。庄家此时找准突破口，决心创一个奇迹。在 1998 年每股亏损 0.8 元后，庄家开始耐心吸筹。在此期间，该股价大体维持在 7～9 元，全年没有大的波动。值得注意的是，1998 年 4～5 月、10～12 月，成交量密集放大股价也没太大升幅，显示了庄家的耐心。但后来证明，这是一起涉嫌操纵股票案。自 1998 年 10 月 5 日起，广东欣盛投资顾问有限公司、广东中百投资顾问有限公司、广东百源投资顾问有限公司、广东金易投资顾问有限公司违反证券法规，集中资金，利用 627 个个人股票账户及 3 个法人股票账户，大量买入"深锦兴"（后更名为"亿安科技"）股票。持仓量从 1998 年 10 月 5 日的 53 万股，占流通股的 1.52%，到最高时 2000 年 1 月 12 日的 3001 万股，占流通股的 85%。同时，还通过其控制的不同股票账户，以自己为交易对象，进行不转移所有权的自买自卖，影响证券交易价格和交易量，联手操纵"亿安科技"的股票价格。截至 2001 年 2 月 5 日，上述 4 家公司控制的 627 个个股票账户及 3 个法人股票账户共实现盈利 4.49 亿元，股票余额 77 万股。可见，庄家吸筹的手法和过程。

进入 1999 年 1～4 月，该股价向 15 元挺进，"5·19"行情启动后，该股也发力上攻，连拉涨停，股价直奔 23 元。投资者如果前面拿不定主意，此时应大胆追进。到 1999 年年底，股价已越过 40 元。在 1999 年 10～12 月大盘弱市的背景下，股价居然翻番，已充分显示这是一个强悍的庄家。投资者这时再不能犹豫了，紧随庄家就是胜利。股价虽高，但天价之外还有天价。

果然，2000 年一开市，该股庄家终于显示强悍的特征，在公众面前毫不畏惧，你不跟，我就天天拉，使股价连连翻跟头，令众人目瞪口呆。2000 年 2 月 15 日上午 10 点 15 分，亿安科技终于站到 100 元上方；2 月 17 日再创 126.31 元新高。首次创中国股市绝对价位最高（同一天，清华紫光也冲到 106.57 元）。后来在 2 月 21 日晚，媒体公布了亿安科技领导层的讲话，暗示业绩不可能支撑这么高股价，而且也没有送转方案，希望大家给公司一个发展的时间等，结果造成该股下跌。2 月 22 日，该股跌停到 99.03 元。23 日，再

跌停到 89.13 元。24 日，再跌停到 80.22 元后才被打开。但庄家认为该股已无利可图，无人可跟了。于是也慢慢压低股价，落荒而逃。2000 年 3 月以后，该股再无行情，再加上管理层对其查处，股价连连跌停并被 ST。到 2008 年 10 月 20 日，其股价最低到 3.18 元（见图 5-3）。

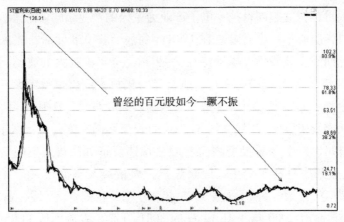

图 5-3　ST 宝利来百元股风光不再

通过亿安科技的坐庄过程，我们要认识到，今后遇到这样凶悍的庄家要改变思维，不以股价翻番为准，而应以庄家实力为准，关键时刻敢于追高，这才能取得跟庄的胜利。但跟凶悍的庄家一定要有高风险的准备。对股评的大喷言论也要清醒。例如，亿安科技，2000 年 2 月 15 日该股价超过 100 元，此时，有个别股评人士大喷"还有 100 多只股票价格将超过 100 元，甚至 200 元"，搅得股民十分激动。

此外，亿安科技一突破 100 元，应该果断出货，再跟下去，很危险，到时跑不了，损失极大。而且我一贯不提倡长期持有这种所谓的绩优股，您看股价已跌到 3 元了，那位曾身价 300 万元的老太太岂不可惜！

第四节　题材概念：借题发挥　与庄共舞

股市炒作必须要有题材概念，主力不可能"无题发挥"。中国股市每天、每周、每月，都存在各种即时、短期、个性化的题材概念炒作，例如，2011

年有郭树清出任中国证监会主席、建党 90 周年、文化体制改革等概念题材；2012 年有"7·21"北京暴雨等概念题材；2013 年有上海自由贸易试验区（以下简称上海自贸区）等概念题材。

至于一些五花八门噱头的概念和题材的炒作，更是层出不穷，如节能环保、校车旅游、神舟航天卫星升天、石油涨价、房地产降价、领土争端、基因网络、生物生命、地震洪水、禽流感等。更令人啼笑皆非的是，连习近平总书记夫人彭丽媛 2013 年出访的穿衣戴帽，都能搞出一个什么"彭丽媛概念题材"来短期炒作一番。

正是因为有题材，才极大地挑逗了庄家借题发挥、"舞枪弄剑"的兴趣。所以投资者跟庄，先分析哪类题材潜力大，能引起庄家兴趣，然后及时介入（或半截介入），与庄家、题材共舞。

例如，2013 年大牛股之一的外高桥（600648，见图 5-4）就是典型的利用上海自贸区概念题材大幅拉高的股票。难道这家公司有什么变化吗？在外高桥股价暴涨的时候，有好奇的网友跑去外高桥公司做了实地探访，回来在微博披露，那个地方什么都没有改变，但股票还是匪夷所思地涨停收盘。所以，后来外高桥暴跌也就不足为奇了。

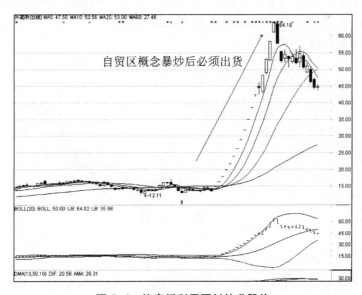

图 5-4 外高桥利用题材拉升股价

2013年9月27日，《中国（上海）自由贸易试验区总体方案》正式发布。9月26日开始，外高桥17个涨停后偃旗息鼓，自贸区概念股暴涨后暴跌，由此再次证明了中国股市暴炒题材的本质。

作为散户，对此类题材信息要及时分析，上海自贸区是百年不遇的新概念，主力肯定要暴炒，只是您必须要贴住庄家争取获利。这里必须提醒股民，跟庄的目的是赚钱，绝不是什么长期投资，更不是自贸区概念给您带来多诱人的回报，因此一旦题材炒完就马上走人。外高桥9月14日开始，股价虽然还在涨停，但是成交额由3000万元左右急剧放大到15亿元到20亿元，主力显然开始出货，此时中小股民就应该果断出货，弃庄而归。

第五节　寂寞是金：稳坐庄轿

炒股中，看着别人的股票猛涨，而自己买的股票一直横盘不涨的确叫人着急。但炒股中获利最大的往往是能耐住寂寞的人，如果您要跟住庄家，就必须学会另一招，即耐住寂寞，忍受煎熬，才能稳坐庄轿。

最典型的就是贵州茅台（600519，见图5-5），庄家借其业绩优良，长期驻守该股，其股价从2001年8月上市之初的34元左右一直涨到2012年的260元左右，复权价接近1300元。

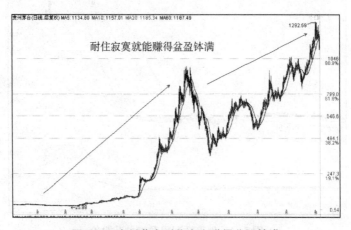

图5-5　贵州茅台耐住寂寞赚得盆盈钵满

其坐庄手法是：

（1）耐心洗盘。贵州茅台上市之初并不理想，其股价在 30 元左右，但是庄家在此过程不断洗筹，可见庄家的洗盘耐心。

（2）突破阻力位。50 元、100 元是贵州茅台的阻力位，一旦突破，庄家就一发而不可收，继续挺进。

（3）温和拉升。贵州茅台从来没有暴涨过，涨停几乎很少，虽然过程有下跌震荡，但是主力就是以温和手法拉升股价，不断再创新高，让人目瞪口呆。

从这只个股拉升过程看，股民要跟庄学习，学什么，学耐心。

以上启示：如果您不是个急性人，又没时间天天看盘，那您就记住，寂寞是金，稳坐庄轿这一绝招吧！

第六节 含权股：庄家必炒

庄家特别愿意上市公司采用送、转股分红形式，因为能够送、转股的上市公司一般是小盘公司，这类上市公司送、转股前，庄家便于炒作。从中国股市历年的几个大牛股中可以看出，它们基本上都是高比例送转股炒作后形成的牛股。例如，贵州茅台和老股深发展、四川长虹就是多次送、转股；还有英豪科教 1998 年 10 送 6 转 4、工大高新 1998 年 10 送 4 转 4、1999 年综艺股份 10 送 3 转 2 等。这几年中小企业板和创业板更是庄家炒作的对象，因为中小企业板和创业板股票上市不久就送转股，如卫星石化（002648）、东宝生物（300239）等。

在含权股的背后必含实力雄厚的庄家，而含权股浮出水面前，庄家采取强行突击战术，不给中小股民跟进的机会。大比例送、转股炒作后，庄家就迅速撤退，一大批跟风盘悲惨套牢。

例如，东宝生物（300239，见图 5-6），2011 年 7 月 6 日上市，流通股仅为 1520 万股。2012 年 4 月，该公司准备每 10 股派 1 元转增 10 股。此前，该股价不瘟不火，大体在 15 元左右。2012 年 3 月 9 日，庄家开始拉抬股价，该股价连续 3 个涨停，之后稍微整理后，4 月 17 日，该股又连续 6 个涨停，股价最高价达 46.95 元，可见庄家采取了强行突击战术，中小股民根本买不着。等该股除权后，庄家就迅速撤退，炒作偃旗息鼓了。

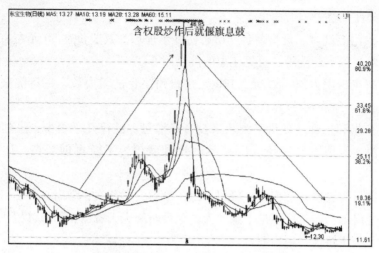

图 5-6　庄家利用送转股炒作东宝生物

　　至于含权股是走出涨权行情，还是跌权行情，这需要结合当时具体情况分析。一般而言，除权后在短时间内要走出涨权行情不太容易，庄家要顶着巨大的含权盘压力及翻番资金炒作的压力，风险极大。因此，一般庄家不愿在短期冒险，而尽快出逃是他的主要目的。所以，含权股除权后在较长时间内走出的是横权行情甚至是跌权行情。

　　不过注意：情况是千变万化的，没有统一不变的规律。如果当时大盘的背景好，人气极旺，庄家就会借此再冒风险，在短期内迅速涨权，争取再赚一轮钱。如1999年"5·19"行情前，英豪科教4月10送6转4并除权；2004年中储股份（600787）每10股转增10股并完成除权。1999年如果没有"5·19"行情，2006年如果没有大牛市，他们短期内很难涨权。但刚一除权，就分别赶上"5·19"行情和2006年行情的大爆发，他们都胜利完成涨权，庄家满载而归，成为"含双权"的庄家。

　　因此，投资者在预测除权后的涨权、横权、跌权时，重点不在含权庄家本身，而是在当时的"大盘庄家"本身了。这招很重要（见图5-7）。

　　总体上讲，庄家会利用人们的涨权心理，佯装上次填补除权缺口。但是大多数股票往往一除权，就陷入了低迷状态，一直横权不动，而庄家在此拉拉打打，逐渐在出货。中小股民想在短期内在赚个涨权收益不容易，所以最好出货，再寻找新的含权股。

　　通过以上经典案例告诫我们，成熟的股民，不要太贪，非赚个盆盈钵满没

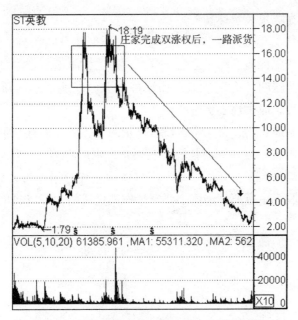

图 5-7　ST 英教庄家完成双涨权后一路派货

必要，也不可能，我们要在接近涨权价前派货，顺利出局是关键。

第七节　绩优股炒作：庄家金蝉脱壳

理论上讲，投资绩优股是对的，主流媒体极力弘扬绩优理念，管理层也积极为绩优理念制定多种有利政策，因此，股民一入市就受到要买绩优股理念的教育。可是中国股市实践与理论有些脱节。如 2000 年有关专家、机构评出的绩优 50 强、潜力 50 强等类似的上市公司，其中不乏银广夏、东方电子、蓝田股份以及最早的四川长虹、深发展等。但问题也恰恰出在它们身上，而且股民套牢在"绩优股"身上的最多、最惨。这正是庄家充分利用绩优股概念炒作，然后金蝉脱壳的结果。

纵观中国股市 20 多年发展的历程，每当大市下跌时，它们并没有表现出绩优股的风范，也没体现出什么跌时看质的情况，有些绩优股跌得比 ST 股还惨，根本就不抗跌。而每年上涨排名前十名的股票 90% 都是 ST 股，几乎不见绩优股的身影（见笔者每年出版的《中国股市发展报告》），这使股民不断对

绩优股究竟优在哪里表示怀疑！

此外，就是有95%的绩优股都很少分红，即使分一次红，跟着再来一次配股或增发，或先配股、增发之后再分红。总之，羊毛出在羊身上，绩优股本身是一毛不拔，这叫什么绩优股？如果再碰上那些地雷股、弄虚作假的绩优股，如银广夏等，股民岂不更遭殃？

所以，我始终认为，目前中国没有真正的绩优股，而且今年是绩优，明年就亏损的例子比比皆是（深康佳、湖北兴化、银广夏等）。因此，正确树立绩优理念是应该的，但在实际炒作中，应与庄家一样适当投机，有效保护自己，抢先一步金蝉脱壳更重要，绝不上庄家炒作绩优股的大当（见图5-8）。

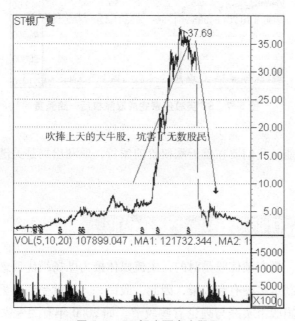

图 5-8　ST 银广夏套牢股民

第八节　庄家派货：不抢反弹

中国股市自建立以来，出现了许多问题股，如亿安科技、银广夏、中科创业等。这些股票原来的价位都被主力大肆炒高，而一旦利空袭来则一路猛跌。

如 100 元以上的亿安科技和被吹捧为 21 世纪大牛股的银广夏更是如此。面对这种庄家大举派货、一路猛跌的股票是否参与反弹呢？我认为还是冷眼旁观为好。

以 ST 银广夏（000557，见图 5-9）为例。头上光环被捅破后，股价从 2001 年 8 月 2 日的收盘价 30.79 元开始猛跌。到 9 月 25 日已跌了 11 个跌停板，中间一次也没打开过。9 月 26 日开盘又砸到 8.7 元跌停处。但后来被打开，最高价到 9.52 元，但经不住巨大的卖盘，收盘又封在 8.7 元跌停处。以后的 5 个交易日中，即 9 月 27 日到 10 月 9 日，每个交易日中都处于跌停、打开、再跌停、再打开……的反复循环中，成交量极大。从此可以断定许多人在纷纷抢反弹，赌博一把。

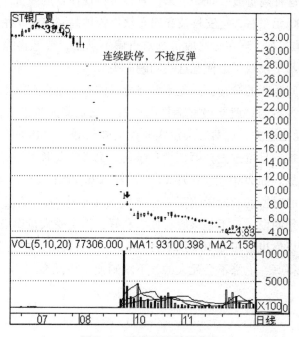

图 5-9 不抢问题股的反弹

为什么会这样呢？因为许多人复权测算主力成本是 8 元左右，所以在 8 元勇敢杀入。如 2001 年 9 月 26 日 8.7 元跌停打开后，全天成交量达 10450.77 万股，也就是相当于该股流通股本 28081.95 万股的 37.22% 的人"换手"杀入。但遗憾的是，这首批换手杀入抢反弹的人被全线套牢。

因为我们看到一只股票一旦成为众矢之的后，主力会不惜成本出货。况且从理论上计算，该股的主力从 1994 年 10 送 4、1995 年 10 送 3 和 10 配 2、1996 年 10 送 2.5 转 1.5 和 10 配 1.65、1999 年 10 转 10 和 10 配 3 这些填权炒作中已极大地获利，而且庄家已经在众多股评家和媒体的吹捧下悄悄出货，盈利至少在 10 亿元以上。因此，在 8 元以下不惜血本逃跑，总体仍然盈利，就像足球比赛，3：0 胜，是胜，3：2 胜，也是胜。而被套的大主力也忍痛割肉，如轻纺城（600790）在 11 月 23 日前，将持有银广夏的 2506675 股割肉卖出，平均价为 5.96 元，割肉损失达 75026376.24 元。由此可见，主力都割肉血淋淋地出局，我们中小股民短期最好不要参与这种问题股的反弹，除非确有实质性的利好（如资产重组）。

而且一般这种高价股一旦跌下来，就很难再现往日的高价。例如，中国船舶曾炒高到 300 元左右，亿安科技和用友软件曾炒高到 100 元左右，四川长虹曾炒高到 70 元左右，现在这些股价都跌得惨不忍睹，要想再涨到它们原来的股价，估计一辈子没戏了，何况这些问题股呢？

因此，对问题股的策略：一是不参与抢反弹；二是实在忍不住诱惑，抱着赌一把的心态去参与，就要做好牺牲的准备；三是头天抢进去，如 2001 年 9 月 26 日 8.7 元抢进去，过两三天没实质性反弹动静，则必须割肉出来，否则越套越深；四是一旦抢进去，第二天有微利，也必须及时了结，赌一把侥幸就走，绝不可恋战。如 2001 年 10 月 22 日，你以 6.06 元收盘价买进，10 月 23 日在停止国有股减持的利好影响下，全体股票几乎涨停，ST 银广夏也以 6.67 元涨停，你必须明白，这不是该股有什么利好，而是受大盘感染主力借机拉高出货所致。所以你也必须在 10 月 23 日当天或 24 日卖出，才是上策。

有股语说得好，上涨不会死人的，下跌则死在抢反弹。

第六大招　李几招经典技巧板块

（实战真经　几招奉献）

炒股这行当，可谓是"知难行难"，真不容易，我认识的几位朋友对此都有切身"流血割肉"的体会。刚入市，在键盘旁敲几个键、在磁卡机上一划、在电话机上一拨，钱轻易滚进账中，美得喜形于色、于心、于梢。但随即就进入痛苦、漫长的套牢阶段，只好忍痛割肉、流血出局。许多股民摸爬滚打股市多年，感到股市越来越难炒，一不小心就扔进去了，要想立于少败之地（不敢说不败之地），就必须适应股市变化的节奏，找出其炒作技巧绝招。

买卖股票是一个实践性极强的游戏活动；是一个积累经验，甚至是血淋淋深刻教训的反思活动；是一个技巧积累、丰富学问的活动。可以说，炒股学问无止境，炒到老，学到老。因此，我在这个板块上费了一定的精力，设法总结出经典操作技巧的绝招供朋友们参考。

此外，在股市中，朋友们之间会有许多丰富的技巧，彼此之间经常交流体会非常重要，我这里献出的绝招也有我周围朋友的功劳。俗话说，"三个臭皮匠，顶个诸葛亮"。咱们朋友们在炒股中个个都是高手，关键是要举一反三，总结出新招法，弃之旧招法。不过股市变幻莫测，有些技巧会失灵，但我总结归纳的这些经典之招可能对你终身炒股有用。因为炒作要领是共性共存的。一些特殊的、新兴的技巧之招我也会在实践中随时捕捉、总结，并在每年再版的书中奉献，这样招上加招，你才能在股市中立于不败之地。

由于篇幅、字数限制，此板块的部分精彩招法和内容，只能忍痛割爱删去，股民欲了解更全面、更高级的招法，可参考《炒股就这几招》（超值升级版），书中有详细介绍，并且还免费配送一张讲解光盘，具体垂询经济管理出版社读者服务部电话：010-68022974。

第一节　综合因素分析之招

我在有关章节中为读者介绍了上市公司财务指标的分析方法，但是仅凭此就买卖股票是绝对不行的。因为买卖股票是一个难度相当大的智慧工程。说它难度大，是因为决定股票走势的绝不是几个财务指标，典型的是一些亏损的公司，财务指标非常垃圾，其股票走势却令人出乎意料。因此，影响股票走势还有许多、许多其他因素。

◎ 政治因素

政治是经济的集中反映，并反作用于经济的发展，会使股票市场发生波动。这主要包括：最高领导层的动态；外交形势；国际局势；国内外领导人的讲话、行踪、更替、风格、背景；证券管理层的领导风格、更替背景；战争等。所以，政治因素变化对股市影响很大。例如，2008 年美国发生金融危机后，整个世界的股市都产生了很大的震动，美国的道琼斯指数、中国的股指都出现暴跌。

◎ 政策性因素

中国股市由于特殊原因，政策的影响比较大，也被股民称为政策市。但我认为，政策市也没什么不好，不管如何，"涨也政策，跌也政策"是股市的特点（外国也一样）。具体到政策的因素主要有：国家颁布的各种法律、法规、条例、规则及其出台背景和内容精华；国务院各个机构的变化整合；主流媒体动向；内幕信息证实等。政策的变化对股市的影响更直接。例如，1996 年 12 月 16 日，《人民日报》特约评论员发表的文章《正确认识当前股票市场》，就导致股市猛烈暴跌 3 天，沪指从 12 月 11 日最高点 1258 点暴跌到 12 月 18 日最低点 869 点。对此，股民称为：什么牛市、熊市，中国股市是猪市（指时任副总理朱镕基打压股市）。而 1999 年 6 月 15 日，《人民日报》特约评论员发表的文章《坚定信心规范发展》，则为"5·19"行情加油打气并引燃了持续到 2001 年上半年的世纪性特大牛市，沪指从 1999 年 5 月 17 日的最低点 1047 点一直震荡向上，到 2001 年 6 月 14 日的最高点 2245 点才结束此轮大牛市。2004 年 2 月 1 日，国务院颁布了《关于推进资本市场改革开放和稳定发展的若干意见》，股市由此展开了 2006 年到 2007 年的牛市行情，沪指从 998 点冲到 6124 点。2007 年 5 月 30 日印花税上调造成股市"5·30"暴跌行情。可见，政策对股市的影响多么巨大。

◎ 经济因素

股市是经济发展的"晴雨表"，其因素包括：国民生产总值、固定资产投资、物价、就业、外贸、金融、保险、企业效益、能源、旅游、科技；内幕经济信息的分析等。股市和经济有更紧密的联系，例如，1933 年，世界资本主义经济发生了严重的危机，因此股票价格猛跌。如美国钢铁公司的热门股票从 1929 年的最高点 261 元跌至最低点 21 元。又如，1996 年中国经济软着陆后，逐步进入良好的发展态势，GDP 一直保持 8% 左右的发展速度，中国股市也由此上涨，1996 年到 2001 年走出了一轮特大牛市。再如，2008 年，国务院启动了 4 万亿元的投资，2009 年股市反弹。

◎ 股市层面因素

股市层面因素主要包括：有关证券的各种法律、法规、条例、规则、指引的出台背景和内容精华；上市公司动向和经济效益；主力内幕运作动向和力度；资金内幕流动的意愿；多空人气的内部较量；其他内幕的信息证实和分析等。这些因素对股市产生直接的影响。例如，2001 年 6 月 14 日颁布的有关国有股减持的利空消息后来导致股市暴跌。而同年 10 月 24 日，有关国有股减持暂停的消息导致"10·23"暴涨行情。2002 年 6 月 24 日，有关国有股减持彻底停止的消息导致股市喷发了"6·24"行情。又如，2012 年，管理层对亏损公司实行严格的退市制度，使一批亏损公司的股价大幅暴跌。再如，2006 年和 2007 年，中国船舶、万科、贵州茅台、中国石化等牛股的崛起，显示了主力内幕运作动向和力度。

◎ 利率因素

银行利率最能直接影响股票价格的变化，一般认为，股市的升跌和银行利率高低有密切关系。提高银行利率，就会导致资金流入银行、流出股市，所以股市就会相应作出下跌的反应；反之则相反。例如，我国 1993 年连续两次提高利率，导致股市下跌。而 1996～2002 年连续 8 次下调利率，股市为此走出了大牛市。2010～2011 年，央行 5 次上调利率，股市为此下跌。

不过也有特殊的，如 2007 年央行 6 次上调利率，股市不跌反涨；2008 年央行 5 次下调利率，股市不涨反跌。这也说明了中国股市的炒作特点。

由于篇幅、字数限制，此节的其他几个因素，如供求因素、心理因素、投机因素、综合因素分析法等，只能忍痛割爱删去，股民欲了解更全面、详细的分析，可参考《炒股就这几招》（超值升级版），书中有介绍，并且还免费配送一张讲解光盘，具体垂询经济管理出版社读者服务部电话：010-68202974。

第二节　政策面分析之招

综上所述，中国股市由于特殊原因，政策的影响比较大，被股民称为政策市。但我认为，政策市也没什么不好，不管如何，"涨也政策，跌也政策"是股市的特点（外国也一样）。所以我们必须了解政策面，充分利用政策面的信息，把握每一次机会。

但是许多股民朋友在炒股中最困惑的是：第一，不知道政策；第二，即使知道了，也不了解更深入的背景；第三，面对洋洋千字、万字的大政策无法理解或理解中不得要领；第四，无法正确判断政策对股市的支持走向；第五，不能有机地将大政策的作用与盘体技术的作用力结合，而导致相反的操作结果等。政策面是软性的，难以定量分析。但任何事物发展都有其内在规律可循，因此，政策面分析也有技巧。

◎ 事先预兆

（1）1994 年 7 月前，沪深两市连连走低，管理层反复强调"国有股不会流通"及"三不"政策，这就是个信号，表明政府不会任股指下滑。7 月底，两市跌到最低点，8 月初，管理层利好举措出台，即暂停新股发行及研究"三大政策"，结果股市持续 3 个月暴涨。这个利好政策细心者则在 7 月前即可分析得知，因为那时管理层的频频安民告示未奏效，所以肯定会有新举措出台。

（2）1995 年"5·18"行情。1995 年 4 月起，国债期货市场屡次犯规，管理层先后处理了几宗违规机构事件（如"3·41"事件、"3·19"事件，上证所暂停国债期货交易 4 天）。这也是事先有预兆。但国债期货多头攻势不减，结果万国公司发生严重犯规。5 月 17 日，管理层暂停国债期货交易，引发了"5·18"股市大行情。如果期货投资者对证监会接连处罚违规者有警觉，就应洗手不干，避免损失。而股民应分析股市正处于低点，处理期货市场违规，不久将有期货资金流进股市，所以"5·18"之前应大胆建仓，坐等获利。

（3）1996年"12·16"行情。1996年10月以后，管理层先后有10多次预警，《人民日报》11月15日也发特约评论员文章，这预示着政策面迟早有一个大动作。洞察到这点，就不会遭到"12·16"回调所造成的损失。

（4）2001年下半年的暴跌。例如，2001年6月14日国务院公开发布了有关国有股减持的暂行办法。但之后一个月，即7月13日前股市却没有下跌。但是这个再明确不过的政策信号你必须充分理解，否则你就损失惨重。

（5）2004年2月1日，国务院出台了关于推进资本市场改革开放和稳定发展的若干意见后，你就必须认识到，这是一个特大利好，结果发生了2006年和2007年的牛市行情。

可见，任何一项政策出台，不是突然的，事先都有预兆，这是分析政策面重要的技巧。

◎ 文字讲究

1994年9月初，市场传言1995年实行T+1。当时有两大证券报纸回答说："近期取消T+0属市场传言，迄今为止，未收到上级有关取消T+0的文件指示。"事实证明，1995年初正式实行了T+1。但两大证券报纸用词讲究，也不能说明其错，因为讲了"近期"、"迄今为止"、"未收到"等词。股民应从这些词中分析："近期"不代表以后；"迄今为止"不代表1995年；"未收到"不代表以后会收到取消T+0的文件。因为这些词不是肯定语，且弹性很大，您如果分析透彻，就能够理解这些词的真正含义，提前做好准备。

◎ 全方位学习

由于证券类报纸版面有限，不可能全部刊登各类政治、经济、社会等多方面信息。这需要股民通过自身努力，多听多看各种媒体的有关报道。股民应把花在计算机前分析技术指标的时间拿出一半用于分析政策面，灵活理解微妙的变化，深刻领会并分析哪些个股会受政策刺激上升或下降，掌握分析政策面的技巧，你才能胜多输少。

例如，2013年的上海自贸区板块（见图6-1）和2014年沪港通板块暴

涨，就是最好的证明。

当然任何股票在高位时，或说题材出尽后，您必须平仓走人，上海自贸区板块和沪港通板块，都出现了暴跌。

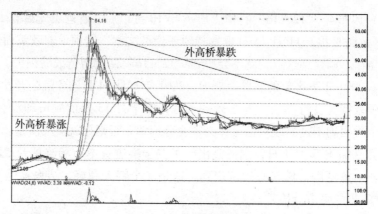

图6-1 外高桥暴涨暴跌

第三节 李几招经典技巧之招

◎ 分析软信息之招

一般来讲，确认无误的信息为硬信息。例如，2004年2月1日，国务院出台了《关于推进资本市场改革开放和稳定发展的若干意见》；2007年5月30日，印花税上调等，类似这样的信息，是硬信息，股东不必分析，只需根据此信息调整自己的投资行为。

但股市中还流散着大量没被证实、有待研究、未形成正式公告的信息，此类信息即为软信息。软信息的主要特点是：①未形成建议，还处于研究探讨阶段，但已通过非官方渠道流传出来，如2005年流传全流通的各种版本等。②流传后，有些被证实，有些未被证实。证实后，软信息由此变为硬信息。未被证实，也不能全说是空穴来风，可能是由于时机不成熟等原因，一些建议暂被搁置。兴许过一段时间再施行。如新股发行改革、国际板等。③软信息用词讲究，弹性强，进退灵活，辩证色彩浓。

比如，1994年8月，媒体报道有关股市的"三大政策"。但仔细推敲这条信息，发现这条信息很软，或者说管理层根本就没有发布"三大政策"这样的硬信息。当时真正的硬信息就是两条，即中国证监会在媒体上正式公告"……暂停各种新股的发行和上市……"和对今后新上市公司实行辅导期制度。而所谓"三大政策"，即"发展投资共同基金，培育机构投资者；试办中外合资的基金管理公司，逐步地吸引外国基金投入国内A股市场；有选择地对资信和管理好的证券机构进行融资，活跃交易，稳定股市"，这完全是一条软信息，是以会议报道形式披露的，不是正式的公告。是"与会同志共商，认为……"的，至于能否得到权威部门的认可，是个未知数。而且这三条只是个"措施"，不是正式政策。直到1998年，发展投资共同基金，培育机构投资者；试办中外合资的基金管理公司，逐步地吸引外国基金投入国内A股市场，有选择地对资信和管理好的证券机构进行融资才有了眉目。

此外，谣言和传言，一字之差，却有本质区别。谣言乃是凭空捏造、纯属骗人的话，不应相信。例如，股市一跌，就传出什么几大利空云云。而传言不是凭空捏造的是未被证实却又广为散布的消息。不管如何，谣言和传言都会直接影响股市。

通过以上分析表明，股民们今后不仅应学会分析公司的财务信息，还应学会分析"软信息"，仔细琢磨媒体字里行间的含义。如果你把软信息琢磨一番，你就提前掌握了潜在的信息，炒起股来心中有数了。

◎ 不听消息炒股之招

很多朋友炒股总爱打听消息，并举出某某人听了某种消息赚了多少钱云云。我的观点很明确，坚决不信道听途说的消息。一个普通炒股人（99%都是普通人）要想打听消息是很困难的，连一个高级干部都不可能打听到准确消息。例如，1996年12月管理层发布的"后三大政策"，我认识的相当一级的领导也是从"新闻联播"中得知的。还有我认识的一位更高级的干部子女，其父亲的名字如雷贯耳（这里不能提名字），按理说最先知道消息吧，可是该高级干部子女炒股炒得一塌糊涂。可见，一个高级干部的子女知道消息都如此，所以，作为一个老百姓，还是老老实实炒股为好。

又如，2007年初，方大炭素控股股东辽宁方大集团实业有限公司决定方大炭素通过定向增发进行融资。获悉这个内幕信息并利用此信息买入方大炭素股票的有：中国银河证券股份有限公司投资银行总部股票发行部副经理张涛、

甘肃弘信会计师事务所有限公司董事长王东海、北京海地人矿业权评估事务所评估部总经理崔永杰、甘肃弘信评估师魏亮、北京海地人房地产评估事务所评估师高晓卉、方大集团财务总监、方大炭素董事黄成仁。但是 2007 年 4 月 13 日和 17 日，王东海用其个人账户共买入"方大炭素"股票 2.5 万股，买入金额 18.6 万元；6 月 6 日全部卖出，亏损 5755 元。2007 年 4 月 10 日，黄成仁用其个人账户买入"方大炭素"股票 5000 股，买入金额 3.45 万元；4 月 11 日全部卖出，亏损 126 元。可见，获知内幕信息也不一定就赚钱，而且他们亏损了还受到了证监会的处罚，可谓，偷鸡不成蚀把米。

有些消息可能是真的，但全国有 1 亿多股民，消息传到你耳朵里恐怕早已成旧闻并有各种版本了，主力正等着你去跟风抬轿呢，你再建仓风险极大。如 2012 年的有关 ST 股政策，反复变化，股价也是瞬间跌停、涨停，你想买也晚了。

此外，股市有时与消息背道而驰。例如，1996 年 10~12 月，管理层发黄牌警告，可股市就是大涨。1997 年上半年也如此，管理层利空一个接一个，可股指还是越过 1500 点，真邪门了。可 2002 年，管理层的利好政策一个接一个出，但股市却一直跌。2005 年，全流通开始启动。按理说，这是重大利空，可是股市却走出了 2006~2007 年的牛市行情。

有时候仔细想想，也对，股市往往不按大多数人愿望行走，特别是有"消息市"之称的中国股市中，屡屡走出相反行情，主力才能赚中小股民的钱。

还有一个值得牢记的教训，消息朦朦胧胧时，股价一直上升；消息一兑现，股市立即下跌。例如，香港回归后，党的十五大、党的十六大、党的十七大一闭幕，《证券法》一出台，奥运会一结束，"60 年大庆"一结束等，这些题材从理论上讲应是支持股市上升的。但消息兑现后，主力立即派货，股市为此下降，这也是主力恶炒所致。

作为普通人，一定要做老实人，炒老实股，挣老实钱，这样绝对没错。你只要积极贯彻这一理念，不听消息，你一定比那些爱听消息的人挣得还多。

◎ 阅读收听股评之招

阅读收听股评，是一些股民乐此不疲的事情。但现在股评是鱼龙混杂，所以需要掌握一些技巧。

（1）事先自评。在你阅读或者收听他人股评的时候，应该自己先做一个基本判断，然后再读，再听他人股评，对照一下，你自评的结论和股评的结论有何相同、有何不同，观点的主要差异在哪？然后分析归纳，作出最后的决策。

（2）事后检查。经过在实践中运作后，股民最好检查一下是自评的结论对，还是股评的结论对？是自评对的多，还是股评对的多？为什么自评这次对了或这次错了，为什么股评这次错了或这次对了？

（3）听话听声。股评一般在公开媒体上发表，有些话不能够直说，因此在读、听股评时，要听话听声。一是从说话语气上判断他说的话哪些是"官话"，哪些是"实话"；二是从文字上看哪些是"虚号"，哪些是"实号"。如某股评说："现在大市喜人，人气旺盛，连拉大阳。但是，务必请股民注意回调的来临。"这加着重号的话，是"实话"，股民听这句话时，要"听声"，这很重要。

（4）广泛读听。股民读、听股评时，不应总读、听某几个人的，否则易陷入片面。现在证券类报纸、广播、电视、网络等很多，有条件的应多听、多读，或与本地、外地间的朋友打电话交流各媒体的信息。其好处是：①信息获取更全面；②筛选的余地更大；③有些"实话"地方类报刊更敢刊登，分析得更加透彻。

（5）了解背景。现在股评人士很多，由于股评人士背景不同，获取信息的程度不同，分析的深度不一，所以看大势的观点也不同。一般来讲，在国家政府部门工作的股评人士对大势、对信息掌握得准，对大势判断准；在证券公司工作的股评人士对本公司自营资金动向掌握得准确；本地的股评人士对当地个股的信息了解全面；证券媒体的编辑记者了解各类信息多而快；自由撰稿的股评人士比较了解散户人气，谈论的自由度大。

由于以上原因，股评各有特点及盲点，这要求股民应了解股评人的背景，从而在读听股评时有侧重、有筛选，把握大势及精选个股心中有数。

◎ 精确计算平均股价之招

在大市回调中，很多股民为摊低自己的购股成本，采用逐级建仓的方法。但当建仓完毕时，你购股的平均价究竟是多少呢？许多股民简单地将每次购股价相加后除以总购股次数，如某股民分 3 次买入某股票，即 19 元、16 元、14 元，然后得出平均价是 16.33 元［（19+16+14）÷3］。**此算法比较省事，但很粗略**，因为它没考虑成交量这个权数，假如每次成交量相同，这个算法有效，但如果 19 元和 14 元买入的股数不同，尤其是数量差异很大时，**此计算法就扭曲**

了你的投资成本，所以，应按加权计算法来精确计算购股平均价，具体公式是：

购股平均价＝（第 1 次买价×成交数量＋第 2 次买价×成交数量＋…＋第 n 次买价×成交数量）÷总成交量

例如，某股民分 3 次买入某股票：19 元买入 9800 股，16 元买入 5500 股，14 元买入 2000 股，将数字代入购股平均价公式计算：

该股购股平均价＝（19×9800＋16×5500＋14×2000）÷（9800＋5500＋2000）＝17.47（元）

计算可知，该股民实际购买的平均价格为 17.47 元，和前边粗略计算的 16.33 元平均价相比，差 1.14 元。假设你按简单平均法算出的 16.33 元设定你的卖出行为，那么该股票刚涨到 16.33 元（暂不考虑手续费等），你马上全部一次卖掉岂不是吃亏了？而加权计算法精确告诉你购股平均价是 17.47 元，这样你在 17.47 元再加上规定的费用后卖出股票才可盈利。

◎ 股价持平保本（卖出价）计算之招

股民买卖股票，一般而言，其成本就是佣金，单边征收印花税（买入股票无印花税，卖出股票按 1‰收印花税）。此外，沪市还有一个成交量每 1000 股收取 1 元的过户费，深市无此收费。

当股民买入股票后，股价涨到多少才持平保本呢？现以沪市为例，佣金按 1‰算，印花税按 1‰单边计算，过户费每 1000 股收取 1 元，则：

股价持平保本价＝买入价×成交量＋买入价×成交量×1‰（佣金）＋成交量×1‰（过户费沪市规定）＝卖出价×成交量－卖出价×成交量×1‰（佣金）－卖出价×成交量×1‰（印花税）－成交量×1‰（过户费沪市规定），将此算式整理后则：

股价持平保本价＝（1.002×买入价＋0.002）÷0.998

例如，某股民以 26.84 元买入某股票 3000 股。总费用为：

26.84×3000＋26.84×3000×1‰＋3000×1‰＝80603.52（元）。

如果股民想以保本股价卖出 3000 股，则：

股价持平保本价（卖出价）＝（1.002×26.84＋0.002）÷0.998≈26.95（元），即股价涨到 26.95 元就保本了；如果超过 26.95 元，股民就获利了。

深市没有成交量每 1000 股收取 1 元的过户费，因此，股价持平保本价（卖出价）＝1.003×买入价。

为更快捷计算股价持平保本价（卖出价），可以粗略提高一点系数，即股价持平保本价（卖出价）＝ 1.006×买入价（换为 1.007 更保险）。

◎ 系列迹象缺口技巧分析之招

股价在上升、下跌周期内一般出现 6 个缺口（或少或多），即启动缺口、上升缺口、拉高缺口、派货缺口、杀跌缺口、止跌缺口。通过这些缺口特征，大致可以揣摩主力的动作迹象，以下结合图 6-2 沪指实际情况进行分析。

（1）启动缺口。股市经过至少半年以上的盘整后，突然借机发力，股指（股价）从长期盘整的底部一跃而起，成交量放大。此时 K 线图上留下主力开始做多的第一个迹象缺口，即启动缺口。股民此时应该考虑跟进建仓。例如，1999年 5 月 20 日，沪指 5 个点的启动缺口就发生了波澜壮阔的"5·19"行情。

（2）上升缺口。主力完成启动缺口后，还要经过一段上升途中的必要整理，其目的就是将浮筹清洗出局，以便轻装前进。之后，主力再次发力，股指（股价）冲破启动缺口平台，发力向上，此时 K 线图上留下主力开始做多的第二个迹象缺口，即上升缺口。股民此时应该考虑继续持仓，千万不能被震仓下马。例如，1999 年 5 月 20 日沪指 5 个点的启动缺口发生后，经过上升途中的必要整理，5 月 27 日，沪指产生了 11 个点的上升缺口。由此拉开了股市上升的连续动作。

（3）拉高缺口。主力完成上升途中的必要整理后，边打边拉，快速推进，其目的是吸引外场资金和被震仓出局的资金入市烘托抬轿，为脱身做准备。此时的主力发力凶狠，成交量更加放大，甚至不顾管理层的警告和各种利空消息，一副坚决做多的嘴脸，给人以舍我其谁也的架势。此时股指（股价）更是气势如虹，连创新高，连续涨停。营业部人气沸腾，人头攒动，股评家们也配合主力大放做多的厥词。此时 K 线图上留下主力持续做多的第三个迹象缺口，即拉高缺口。股民此时应该冷静，时刻考虑平仓。千万不能再追高，如果从见好就收的理念上看，最好提前平仓。例如，1999 年 5 月 27 日沪指产生了11 个点的上升缺口后，6 月 14 日，沪指产生了 11 个点的拉高缺口后，6 月 24日再产生了 9 个点的拉高缺口。此时的沪指彻底冲破了 6 年零 4 个月的 1558点，并向新的高度冲击。

（4）派货缺口。此时的主力既定目标完成，可以说赚得盆满钵溢，于是采取边出货边反弹，其目的是吸引场内资金继续留驻，维持人气。而此时的主力积极为脱身大量出货，出货发力凶狠，成交量放大，股评家们还在信誓旦旦、

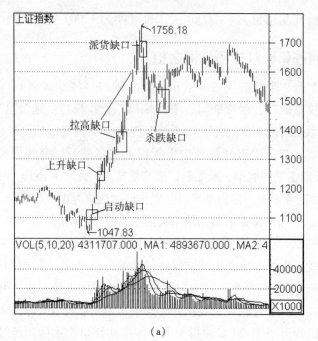

（a）

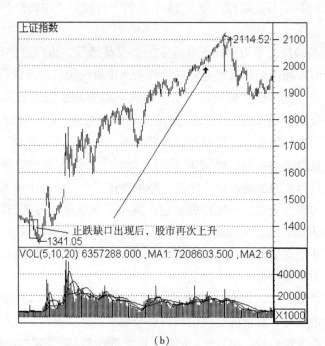

（b）

图 6-2 沪指上升、下跌中的 6 个缺口

激扬啐沫大谈什么第几上升大浪。但此时股指（股价）不再连创新高，K 线图上留下主力开始做空的第一个迹象缺口，即派货缺口。股民此时应该迅速平仓，千万不能优柔寡断。例如，1999 年 6 月 14 日和 24 日沪指产生两次拉高缺口后，沪指不断创新高。6 月 30 日，沪指最高点到 1756 点，此为 1999 年沪指的最高点。但是 7 月 1 日沪指就产生了 11 个点的派货缺口，显示主力开始准备撤退。

（5）杀跌缺口。此时主力的出货嘴脸彻底暴露，其本身也不掩饰做空的行为，因为只有充分杀跌，股指（股价）才能大幅持续下跌，主力在今后的底部捡到更便宜的筹码，以便为下次发动行情做新的准备。这阶段股指（股价）不断下跌，中间的反弹杯水车薪，终究无法挡住一波接一波的杀跌筹码，K 线图上留下主力继续做空的第二个迹象缺口，即杀跌缺口。此时绝大多数散户们被套牢后还抱着最后的希望，但明智的股民应该承认自己的失误，迅速割肉平仓，夺路逃命，走为上策，否则将面临更大的危险。例如，1999 年 7 月 1 日沪指产生了 11 个点的派货缺口后；7 月 19 日，则产生了 19 个点的杀跌缺口，虽然中间有反弹，但无济于事；10 月 19 日，沪指终于跌破 1500 点。

（6）止跌缺口：主力经过血淋淋杀跌后，股指（股价）大幅下跌、持续暴跌的现象减少，说明主力大幅做空的行为有所收敛，有的股评家却还在配合主力唱空，一些股民割肉出局，但股市已经慢慢企稳，成交量日益萎缩，K 线图上留下主力完成最后做空的迹象缺口，即止跌缺口。此时如果没有止损割肉的股民不能割肉平仓，只有通过补仓摊低成本，等待下一次行情的到来。而及时盈利平仓或夺路逃命的股民可以逐渐建仓，投入新的战斗。例如，1999 年 7 月 19 日沪指产生了 19 个点的杀跌缺口后。12 月 21 日，沪指产生了 3 个点的止跌缺口。接着沪指到年底的 1341 点区域完全止跌，然后进入新的上升周期。

以上是一个比较典型的按照 6 个缺口完整地揭示出主力动作迹象的例子。但是请注意，股市不可能每次都按部就班地照这 6 个缺口去运行。有时产生的缺口可能少于或多于 6 个，所以在实际运用缺口技巧时，一定要灵活处理。

◎ 早日解套之招

大多数人最烦恼的是被套，大多数人最希望的是早日解套。实际上，股市中解套是最难的。现在媒体上总有荐股冠军、亚军之类的人，如果谁能获解套冠军那

才是股市中的顶尖高手。所以我经常说：炒股中盈利是徒弟，解套才是师傅。

我肯定当不上这个师傅，因为我至今还没有总结出解套的绝招，不过，我可以告诉你两个"低招"（以下结合图6-3具体分析）：一是千万不能被套住。

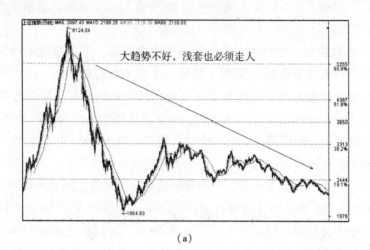

（a）

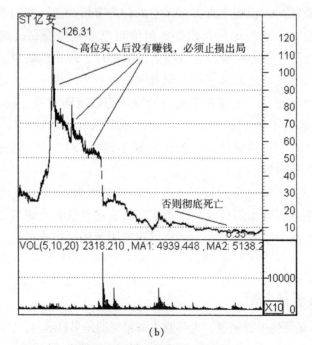

（b）

图6-3　趋势不好时，学会止损

这一点做起来不难，只要不贪，见好就收，按我讲的挣 20% 就走，这一招就准灵。二是万一被套怎么办。说不被套是假的，每人都可能被套，套住 10% 是浅套，套 30% 是中套，套 50% 以上就是深套了。我要告诉你的"低招"是：一旦套 10% 左右，坚决平仓割肉走人。这个"低"招许多人做不到，一怕平仓后再涨回去，抽自己嘴巴；二想套住就不割肉，反正迟早能涨回来；三盼什么神兵天将为我解套。**实际上这"一怕二想三盼"，正是你由浅套到中套再到深套的最根本原因。**我曾经大体统计过，真正浅套后短期内涨回来的仅占 5%，涨回来又拉高的仅有 3%，而 95% 左右的大多数股票都是上升后一路跌到 30% 甚至 50% 以上。因此，"一怕"的想法太不现实，而且概率太低。再就是一旦套住就不动了，哪怕亏损一分钱都不动了，这也是 95% 的人的操作方法。这种做法最错误，一旦套住而且大势不好，坚决割肉走人，千万别"二想"。天天盼望有主力进场为我的个股拉抬，这更不可取。现在这么多只股票，主力集中资金攻击个股，大多数个股无人理睬，"三盼"更不现实。

2006 年行情最能说明这个浅招。2006 年行情启动，究竟能涨多高，谁心里也没准（我当时最高也只看到 4000 点），但如果你已挣 20% 不走也罢，那么就看着大盘能涨多高吧。

2007 年 10 月 16 日，沪指涨到了 6124 点后开始回调时，如果你并未真正套住，而是盈利损失了，这时你应保护胜利果实，坚决走人。如果你没走，还想、还盼，那么您可以等等看，是不是会跌破 5000 点。

11 月 21 日，杀跌缺口出现，5000 点破掉，这时你有盈利必须走，浅套后也必须走。如果你还在想、还在盼，那么沪指反弹到 5000 点后跌破 4000 点，你真应该走了。

事实证明，这 3 次如果前后走人，你就可以避免 20% 左右的浅套，而等大盘跌进 30% 以上时，您再建仓就不仅解套，而且还获利了。

你会说，我卖了，万一大盘涨起来怎么办？这就是你"一怕二想三盼"在作怪了。我问你：你不卖，万一大盘继续下跌怎么办？

你还会说，我就不卖，我不信它涨不回来。我觉得已没必要回答了，因为这就是抬杠，超越了"炒股就这几招"的范畴。

我承认，股市永远是上升的，所以有些股票肯定能涨回来，不过那你得有耐心，等它三五十载，甚至一辈子也是等，那还叫炒股吗？那叫买股，你这种死猪不怕开水烫的行为不值得提倡。

不过我提醒你，有些股票你如果在最高位追进去，如中国船舶、亿安科

技、银广夏等股票，恐怕你一辈子都无法解套了！

我们需要做的是：待沪指跌到 2000 点、1700 点，你再买回来，岂不解套反向获利吗？因此，解套高招，说有也有，说无也无。一句话，大盘趋势不好时，学会止损，浅套就走，没错。

◎ 炒作中的补仓之招

补仓是炒股中必备的本领。一般理论认为，如果买某股被套住，当该股下跌时，应层层买入，可摊低成本。如某股票 50 元买入 1000 股，跌到 48 元，再买 1000 股，跌到 45 元，再买 1000 股，其成本价为 47.67 元（暂不计手续费、印花税等）。注意，如果买的股数不同，则不能简单平均计算股价。

我认为补仓一定要区分当前的大趋势及中短期（两周到一个月左右）趋势，是强市还是弱市，或说是反转还是反弹。如果是强市，则在回档时（不管套住还是盈利）坚持加码补进，不能迟疑；如果是弱市，不但不补仓，还应坚持斩仓出局，以防层层被套。

例如，1999 年"5·19"行情刚一启动就可立即作出判断，这是经过一年多盘跌后的一次大行情，此时加码买进。《人民日报》特评文章 6 月 15 日发布后，此时应加强判断：①这不是一次一般行情，而是一次特大行情；②技术指标已失灵。因此，补仓必须坚决。

但是 2007 年 10 月 16 日，沪指涨到了 6124 点后，大盘有点"疯"了，加上许多股评人士大喷到 8000 点、10000 点等，此时要及时平仓，即使回调也不能补仓，要等起码半年甚至 1 年再说。因此，补仓之招重点是判断股市当时是强市转弱，还是弱市转强。

◎ 每年保险炒波段之招

经常有朋友来信问我：是炒短期，还是炒中长期？我回答很简单：什么期都不炒，就是炒波段行情，因为不管大小，股市每年都有一波行情，赚 20% 的收益还是可行的。

炒股首先要保证资金的安全，赚不赚钱都是次要的。资金被套，一切都无从谈起。所以，保证资金安全就是炒波段，炒波段就是赚安全钱。几年一累计，您的账面资金肯定安全地升值。而且你一赚钱，心态就好，心态好，就更能赚钱，形成良性循环。否则，您永远处于赔钱、急躁、恶性循环的心态中。

炒波段实际上很简单，其判断标准是：大盘指数从高位跌去至少 20%～

30%以下，且盘整 3 个月左右甚至更长，大多数股票跌幅达 40%左右，在年初你就可以大胆建仓了。如沪指 2007 年 10 月跌到 2008 年 10 月，此时建仓最安全。但建仓后，股市不可能第二天、第二周就涨，你要等一等。一旦大盘开始上涨，说明波段来了，一定要持股不动。当大盘涨到 30%以上，您手中个股涨到 20%左右，特别是众多股评人士一致看好后市时，你必须走人，留一点空间给别人。一旦平仓，要等到年底再看看是否建仓，每年这样反复炒波段，你比骑上黑马还强，而且还保险。

◎ 价量点脱节掌握卖点之招

股民决定买股票时，一定要注意其在底部盘整多月，成交量及成交额突然放大，才可迅速跟进。但跟进后何时出货，这需要看量价点是否脱节。例如，1999 年 5 月 10～18 日，沪市成交额每日约 22 亿元，成交量约 400 万手，沪指已跌到 5 月 17 日的 1047 点了。当然，你不可能在这个最低点进货，许多人还等着，希望能在更低点买入。这种思维不能说错，因为股指会不会跌，实在无法判断。但股市肯定有涨时，这时你要观察成交量的变化。5 月 19 日，沪市成交量发力升到 599 万手，成交额也突升到 42 亿元，较上日升了近 100%，充分显示市场已启动。如果你没在第二天 5 月 20 日买进，则 5 月 21 日也必须买进了。因为 5 月 20 日的成交量已达到 1067 万手，升 78.13%，而成交额也升了 78.57%，达 75 亿元。此后，沪指一路上升，但上升中量价点出现过几次背离（见表 6-1）。

表 6-1　价量点三者的升降、背离（1）

第一次	5 月 24 日	5 月 25 日	幅度（%）
成交额（亿元）	145	173	↑19.31
成交量（万手）	2074	2874	↑38.57
沪指收盘（点）	1213	1202	↓0.91

第一次：5 月 25 日，成交额由 5 月 24 日的 145 亿元，升到 5 月 25 日的 173 亿元，成交量由 2074 万手升到 2874 万手，但沪指由 5 月 24 日的收盘价 1213 点降到 1202 点，显示短期获利盘第一次涌出。此时的量价背离程度是，成交额上升了 19.31%，成交量上升了 38.57%，而沪指反而下降了 0.91%。但因是首次上冲出现的微小背离，投资者可忍住。

第二次：6月15日与6月14日相比，成交额上升了52.97%，成交量上升了48.40%，而沪指跌了2.80%，量价背离度开始拉开。从技术上看，此时应离场，由于沪指触到1427点，此点为1998年的顶部，又距1997年1500点顶部的政策打压区不远，许多人心存疑虑，开始平仓，出现较大程度的量价背离差属于正常。但6月15日《人民日报》发表了《坚定信心　规范发展》的特评文章，把1427点肯定为"恢复性行情"，从而打乱了技术性调整，沪深两市发动又一次强攻（如果没有特评文章，此轮行情非常有可能暂告结束）。

表6-2　价量点三者的升降、背离（2）

第二次	6月14日	6月15日	幅度（%）
成交额（亿元）	185	283	↑52.97
成交量（万手）	2527	3750	↑48.40
沪指收盘（点）	1427	1387	↓2.80

第三次：沪指发动攻击后，到6月25日，又出现一根中阴线。此时，成交额比24日升33.84%，小于6月15日的那次升幅；成交量升51.98%，大于6月15日的那次升幅，说明低价股开始补涨；而沪指下降3.69%，其幅度下降为最大，说明行情到头的可能性非常大了。聪明的股民绝对应该出货走人了，不应再想卖到顶部了。

表6-3　价量点三者的升降、背离（3）

第三次	6月24日	6月25日	幅度（%）
成交额（亿元）	331	443	↑33.84
成交量（万手）	3763	5719	↑51.98
沪指收盘（点）	1654	1593	↓3.69

第四次：6月30日与6月29日相比，成交额上升力度最小，仅为11.08%；成交量上升幅度也小，仅为21.83%；而沪指降幅接近3%，此时量价背离的趋势已定，而且当时市场狂热之极，有人已大喷、特喷2000点、3000点神话，如果股民再不离场就晚了。果然，从7月1日起，沪深两市双双下跌，行情一度不振。

表 6-4 价量点三者的升降、背离 (4)

第四次	6月29日	6月30日	幅度（%）
成交额（亿元）	343	381	↑11.08
成交量（万手）	4013	4889	↑21.83
沪指收盘（点）	1739	1689	↓2.88

而 2007 年的情况也类似，年初沪指成交量每天为 1 万多亿股，而当沪指在新高 6124 点前后，成交量只有 5000 万股左右，成交量明显滞后，反映出价量背离的特征，股民此时应该出货。

第四节　流行股语理解分析之招

股民在炒股中，根据自身实践总结了许多股市语录并且广泛流传。这些流行股语除了幽默搞笑以外，有的股语确实有一定哲理，但也有的存在误区，所以要正确理解分析。

◎ 买是徒弟　卖是师傅

其含义是：股民会买不会卖，特别是买了股票后，也赚了钱，但是由于没卖好，结果由盈转亏。我认为，此股语有一定误区，因为买是第一位的，最关键，如果在低位买到了股票，那么你肯定赚钱无疑，只是赚多赚少问题。如果你在高位买了股票，那么无论你卖股票多么精明，也不能赚钱。所以，买股票更是非常关键的。

具体到卖股票，我认为只要你不贪就能赚钱。而大多数想当"师傅"的股民，实际是太贪，老想卖到最好价格，实际上是不可能的。

另外，有一点也很重要，即等待，就是说，一定要学会等待一段时间再建仓，不要仓位中时刻不离股。所以，**我将此股语改为，卖是师傅，买更是师傅，等待绝对是爷爷。这是关键之招。**

◎ 涨时看势　跌时看质

其含义是：买股要以股价上升时的趋势为主，哪只股票趋势好，就及时买进此股票。当股票下跌时，主要看上市公司的质量，即质量好的公司股票价格

下跌较小，此时要买股票，就要找质地优良的股票。

我认为，当大盘处于上升趋势，买股票确实要以上升趋势强的为建仓主要对象，甚至可以考虑大胆追进。例如，1999年、2000年兴起的网络股，股民就要重仓买进。但是，如果当大盘处于下跌趋势，所有股票都要下跌，质地优良的股票也不例外。此时买任何股票都是错误的。又如，2007年11月后，股市开始下跌，100%的股票价格都出现了30%～50%的下跌。所以，**我将此股语改为，涨时看势，跌时看空。什么股票也不买。**

◎ 反弹不是底　是底不反弹

我认为，此股语有很深刻的道理，其含义是：股市下跌时，中途产生反弹，说明盘体还没有跌到底，反弹结束后，大盘继续下跌寻找新的底部。如果盘体底部确定后，产生的上升势头就绝不是普通的反弹行情，而是一轮反转的大行情。例如，2005年6月底部基本确认，因此后来产生了2006年到2007年牛市行情；而2007年10月后，股市一直处于下跌探底之中，所以中途的任何行情只是一个反弹行情，不宜抢反弹。

事实证明，牛市期间股市暴涨，赚钱就是多少的问题，是不会亏损的。但是股市进入熊市后，亏损就分为两种情况：要不然你（一般是新股民居多）就是被套在顶部；要不然就是你（一般是老股民居多）屡次抢反弹，结果盈利前功尽弃。因此，在熊市下跌过程中，绝对不要抢反弹。

◎ 横有多长　竖有多高

其含义是：长期横盘卧倒的盘体躯干，一旦站起来则就是大盘本身躯体的长度，此股语有一定哲理。例如，1997年6月到1999年5月，2001年下半年到2005年上半年，大盘一直处于下跌横盘的态势，慢熊的盘体躯干躺在底部时间分别长达2年和4年。但是从1999年"5·19"和2005年6月开始，大盘躯体猛然站立，展开了一轮"竖有多高"的大行情。

个股也如此，如顺荣股份（002555，见图6-4），2011年8月到2013年9月，股价横盘长达2年，结果10月该股暴涨，实现了横有多长、竖有多高。

不过我觉得应将此股语反向延伸一句话，即竖有多高，横有多长。其含义是：一旦站起来的大盘躯体，还会长期横盘卧倒。即一旦牛市行情结束，股市又长期在底部横盘疲软。例如，1999年到2001年上半年和2007年10月行情结束后，大盘躯体就疲软卧倒了。

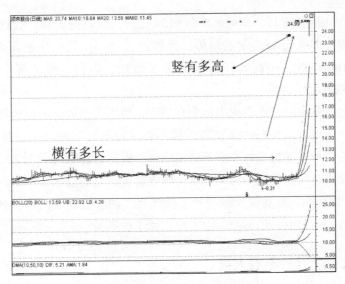

图 6-4　横有多长　竖有多高

◎ 不怕套牢　就怕踏空

其含义是：一些股民认为，只有买了股票心里才踏实，不买股票，总怕踏空。所以，宁可暂时套牢，也不能空仓失去机会。我认为，如果股市处于上升趋势，特别是大牛市来临，此股语有道理。例如，1999 年 "5·19" 行情和 2006 年到 2007 年牛市行情，就要有 "不怕套牢，就怕踏空" 的疯狂胆识。但是如果大盘处于下跌趋势中（如 2001 年下半年到 2005 年），此股语就不适用了。此股语这时应改为，宁可踏空，也不套牢。

◎ 不怕套　怕不套　套不怕　死了都不卖

其含义是：套牢后也不怕，死猪不怕开水烫。此股语在 1996 年 10~12 月特别流行。因为当时股市不顾管理层的 12 次警告，连续猛涨。而且当时管理层每发一次利空，当天股市就又猛涨，使原套牢的股民反而解套盈利。于是，此股语在当时盛为流行。

例如，1996 年 10~12 月初和 1997 年 2~5 月，沪深股市开始猛涨，当时几乎每人的股票账户上都赚得盆满钵溢，有人甚至提出 "不怕套，套不怕，怕不套" 的多头口号，管理层当时接连发十几个利空政策，但是大多数股民不听。结果后来套得很惨。

2007 年 10 月 16 日，沪指创新高 6124 点后，此时的媒体、股评人更加激动，大肆渲染多头市场的发展趋势，为股民描绘一个又一个创新高的点位，8000 点、10000 点……此时还有人改编了歌曲，叫嚣：死了都不卖，结果 2008 年暴跌害死了许多人。

我认为，此疯狂股语在大牛市中有道理，因为股市处于牛市趋势时，套牢是暂时的，所以可以实行"不怕套，怕不套，套不怕"和"死了都不卖"的战术。但是这种极端的战术非常不适用熊市。例如，2001 年 7 月和 2007 年 11 月开始的熊市行情，绝对不能实行这个既愚蠢又极端的战术，否则你必将处于"套死你，你套死，死套你"和"死了活该死"的悲惨境地。熊市中，我认为此股语改为，不怕空，怕不空，空不怕；死了也不买。

◎ 只看个股　不看大盘

其含义是：不管大盘走势如何，我专心炒个股。此股语我认为最错误，因为大盘代表了盘体的大方向，如果大盘向好上升，个股也没有太大的问题，迟早会随大盘上升的步伐而上升。如果大盘向坏下跌，99%的个股也必然下跌，个别逆市而行的股价，迟早会随大盘下跌的趋势而下跌。例如，1999 年 "5·19" 行情和 2006~2007 年牛市行情，所有的股票价格几乎都上涨了 50%，有的更高。而 2001 年 7 月和 2007 年 10 月开始的熊市行情，几乎没有一只股票逆市抵抗上升的，股价普遍拦腰斩断。因此，**我将此股语改为，要看个股，更要看大盘，甚至有时要"大盘必看，个股不看"。**

◎ 鸡蛋不放在一个篮子里

其含义是：买股不要集中资金买一只，而要分散买若干只，以分散风险。买卖股票时，也要分批、分期逐渐建仓（平仓）。此股语对中小股民而言，我认为意义不大。我认为，应该集中性一次性买或卖。

因为中小股民资金充其量为 30000~50000 元，如果按目前最低股价 3 元左右算，一个 30000 元的小股民，买 10000 股（暂不算各种费用），资金就用光了。如果分散为 1000 股买（卖），要买（卖）10 只股票。如果分散为 100 股买（卖），要买（卖）100 只股票。如果分批、分期（假如分 10 次）逐渐建仓（平仓）一只股票 10000 股，您要分 10 次运作。这种分摊操作法，实际运作中弊大于利。

第一，您无法面面俱到地分析这么多股票的基本面。

第二，行情平淡时无所谓，一旦遇到大行情，分散、分批、分期买卖如此多的股票，你会手忙脚乱，尤其是暴跌的时候，你甚至可能发生操作失误。如果岁数稍大的股民，更会遇到操作麻烦。

第三，费用、精力成本高。例如，1999年"5·19"行情开始爆发，你必须及时跟进建仓。如果你采用这种分摊操作法，分散买100股或分批、分期（假如分10次）逐渐建仓一只股票10000股，你要分10次运作，结果肯定是时间拉长，建仓的成本提高，你又忙又累。假如你就一次性将资金用光，买进一两只股票，你就节省了大量精力和成本。再如，2007年11月股市开始下跌，如果你采用这种分摊操作法，分散卖100股或分批、分期（假如分10次）逐渐平仓一只股票10000股，你要分10次运作，结果肯定是时间拉长，平仓的成本提高。100个股票价格开始下跌，一会儿一个价，你手指操作来回按键，肯定急得满头大汗，此时交易系统再出点问题（事实证明，越是关键时刻，交易系统越添乱），你更是屋漏偏下雨，急得团团转。假如你就买进了一两只股票，卖出时肯定很麻利，一键搞定，落袋为安。你就可以踏踏实实安心去干其他工作或休息，节省了大量精力和成本。

有股民一定会说：分摊买卖，可以分散风险；集中买卖，风险太大。对此我认为，如何操作是次要的，关键必须要对大盘的基本趋势有一个正确的判断，然后再实施买卖运作。如果大盘趋势处于上升态势（下跌态势），你就毫不犹豫地集中资金全仓杀进（杀出）；假设你对大盘的判断完全相反，你的分摊买卖依然给你极大的风险。

例如，1999年"5·19"行情一启动，股市开始进入牛途，你如果判断错误，不认为是一轮大牛市来临，不管你怎么分摊买，都是踏空。而2007年11月，股市开始进入熊途，你如果判断错误，不认为是一轮大熊市来临，你怎么分摊买，都会套牢。所以分散风险，与采用什么操作方法无关，只与判断大盘趋势有关。

由于篇幅、字数限制，此节的部分流行股语，如鱼头鱼尾、天花板、地板革、高位利好撒腿快跑、低位利空大胆冲锋、乘电梯、拉抽屉、顶部一日底部一年、举杠铃、站岗放哨、利好出尽就是利空、利空出尽就是利好等，只能忍痛割爱删去，股民欲了解更全面、详细的内容，可参考《炒股就这几招》（超值升级版），书中有介绍，并且还免费配送一张讲解光盘，具体垂询经济管理出版社读者服务部电话：010-68022974。

第七大招　李几招经典绝招板块

（经典绝招　招招叫绝）

特别说明，股市实战中的经验、技巧、绝招层出不穷，年年翻新。但万变不离其宗，其基本规律大体如此。我通过总结实战经验，同时为便于股民朋友记忆，用大写数字来编排招法。

只要您熟记并灵活运用这些经典绝招，相对讲，就可以少走弯路，对你终身炒股都有益处。正可谓：不听几招言，吃亏在眼前；听君几招话，胜读十年书；炒股就这几招，十大绝招是经典。

由于篇幅、字数限制，此板块的另外几个精彩招法，例如，六招：6月最为关键，七招：七炒七不炒，八招：八仙过海、各显其能，九招：分久必合、合久必分，十招：十年完整周期，大招：必须了解大政策，只能忍痛割爱删去，股民欲了解更全面、高级的招法，可参考《炒股就这几招》（超值升级版），书中有详细介绍，并且还免费配送一张讲解光盘，具体垂询经济管理出版社读者服务部电话：010-68022974。

一招：一年就炒一次

指炒股每年最好只炒一次。因为中国股市每年大体只有一次比较大的涨幅，所以炒股盈利的机会也只有一次，如果说还有第二次上升的机会的话，那基本上也是一波小反弹，第三次机会几乎不存在。因此，股民最好每年只买一次股票、卖一次股票。为保险起见，最好不抢小反弹，因为一旦抢不好，则前功尽弃。如果实在手痒痒，适当参与小反弹也可以，但是不要全仓介入，可以买100股左右"玩玩"。此外，如果你实在禁不住诱惑，或鬼使神差地再次全仓杀进股市，那么一旦大势不好，必须迅速退仓，保住仅存的胜利果实。再不行，止损、割肉也必须出局。

二招："20"见好就收

"20"指20%，这是我提出的一个非常重要的绝招。我在各种场合反复强调"挣20%就平仓走人"的观点，但有人认为应挣够、挣足，不获全胜不罢休。他们的"牛市观点"虽然有时候有可取之处，但我还是我，坚决强调挣20%就走人的稳健观点。因为你必须正视以下现实：

现实一：你的信息、资金、能力等和主力不是一个等级，主力是控盘的主体，想拉就拉，想走就走。你呢，是跟盘的主体，所以你没有主动性，想狠赚一笔不大可能。

现实二：咱朋友们可能90%都是套牢族，深套程度可能达30%~50%，因此，盘体及你手中的个股上升时，你要将"套牢折扣"算进去。例如，将沪指2007年6124最高点与998最低点相比，上涨了513.67%，将50%套牢折扣算进去，则盘体仅升了256.84%。如果考虑个股千差万别的情况，90%的个股可能也就是解套微利水平。不信你自己算算你手中个股究竟如何。

现实三：朋友们都有体会，行情不火爆时，你交易的管道特别畅通，但一碰到大行情，刷卡机前排长队，委托电话打不进，网上交易速度放慢甚至死机，撤单撤不下，成交回报反应慢等，反正是关键时刻总掉链子（出错的意思）。大家在营业部挤得汗流浃背，稍微慢一点，股价的变化都使朋友们心惊肉跳。所以，你要把握住每次机会，必须提前做好进货、出货的准备。当盈利达到或接近20%时，提前一步走人，才能落袋为安。

现实四：朋友们会提出这样的问题，假如我刚卖，股价又涨怎么办？我一贯很严肃地认为，有这种心态的人最好别炒股！谁也不可能做到最低买入、最高卖出。股票卖出后又涨是经常发生的，但你不卖，股价有可能下跌。所以，20%的操作处于一种中间稳定状态，比较适合散民朋友。即使又涨了，咱也别后悔。在股市中后悔的事多了，关键看你是否真正赚到钱！

现实五：现在银行利率这么低，各行业平均利润率仅有10%左右。你在网上鼠标一点，电话一打，就挣了20%甚至更多的钱，知足吧，10%都该知足。咱不要贪了，贪来贪去，比来比去，20%挣不到，心态也易膨胀变形，最后反倒赔了20%甚至更多。有人说，能挣50%甚至更高，为何不挣？我不反

对挣得更高，我衷心希望人人都挣2000%才好呢，但大家到年底一算账，有几个人挣到了20%？90%的人都被套了50%以上，90%的朋友都赔了20%甚至更多。因此，现实些，再降低些目标，先脱困解套，再扭亏为盈，最后再获利20%以上。所以，我认为20%见好就收，挣20%就走人，比较符合炒股现实。我认识的几个朋友，已这样严格地操作了几年，体会极深，收获极大，心态极好。

但是对20%见好就收的绝招要辩证理解。

第一，我讲的20%这招是一个平均值。即不能机械理解操作，要视具体情况而及时调整。如你在最低位买进的某只股票，而又正好赶上这只股票是热点，那你就可以守仓不动，挣50%甚至更高。如2013年的上海自贸区股票，如果您在低位买的，就可以守仓几天；假如您在中部位置打开涨停追进去的，还是以20%为边界操作；假如您在高位不慎买进的股票，就不能挣20%了，能挣5%都得跑，甚至有时赔个手续费，或者止损割肉也得跑。

第二，具体到每只股票又有不同的操作策略。如亿安科技、海虹控股等股票，2000年和2007年操作策略能一样吗？中国船舶、中国石化、中国联通、中信证券、万科、岁宝热电等股票，2006年、2009年的操作策略能和2003年一样吗？

第三，许多人都觉得20%不过瘾，应挣它个成百上千倍。实际情况不可能，报纸上宣传的那些暴富的例子都是吹牛炒作骗人。再说，每人的资金、信息、技术、心态、经验都不同，没有可比性。还有，有上亿元资金的股民，赔得也大，今天他是股市座上宾，明天他就沦为股市阶下囚，大户变中户，中户变散户，散户变贫民的事例，在股市发展中数不胜数，我见得多了，只不过媒体不宣传这些负面信息，你不知道罢了。因此，我等凡人，还是摆正挣钱目标和心态，20%应该知足，10%都该知足。

第四，国际高手老虎基金、量子基金每年平均回报率也就是23%。我们都是低手，挣20%已和高手看齐了，这是比较现实的绝招。

三招：3年波段循环

从中国股市发展的历程观察，基本上是3年（或者4年）左右为一个升降波段循环周期。例如，1991年到1993年2月处于上升阶段，沪指最高点到

1558 点，然后从 1993 年 3 月开始调整到 1994 年 7 月；1994 年 8 月开始到 1995 年、1996 年，直至 1997 年 5 月，基本完成了一个先下跌再上升的波段循环过程，为期 3 年，沪指最高点到 1510 点；然后从 1997 年 6 月到 1999 年 5 月筑底，为期 2 年。1999 年 6 月开始到 2001 年 6 月，又进入一个新的波段循环，为期 3 年，沪指最高点到 2245 点；之后又进入下一个 4 年左右的波段循环，即 2001 年 7 月至 2005 年 6 月；然后 2006 年、2007 年展开了一轮牛市行情，2008 年行情结束。因此，我们要在 3 年左右的波段循环周期内（注意：是 3 年左右）炒好波段。

四招：四季歌

我们知道，地球在自转的过程中还有公转，由此产生春夏秋冬四个季节。人类的生产经营（包括生活）大体按照春播、夏长、秋收、冬眠这四个阶段活动。例如，每年春节过后，三四月的春光季节来到，此时春回地暖，大地苏醒，春暖花开，人们按照年初制订的计划开始各类投资经营活动。六七月的夏季，阳光明媚，稻浪翻滚，夏收大忙。人们经过半年的辛勤劳动，胜利果实回报在望。九十月进入金色的秋季，秋高气爽，五谷丰登，人们在秋风红叶下，摘采果实，五谷尽藏，但人们也感到了秋风习习的寒凉。11 月到次年 2 月，数九寒天，北风呼叫，满天飞雪，山水入睡，万物冬眠。人们此时已经不再进行新的投资活动，而是细算收益，憧憬未来，团圆聚餐，庆贺新年。

炒股是一种投资经营活动，所以也离不开春播、夏长、秋收、冬眠这四个阶段活动的规律。而且从中国股市升降的规律看，盘体一般也是从三四月开始复苏，此时是股民春播建仓的机会；六七月，盘体阳光高照，资金人气十分活跃，股指基本走到高点，此时是股民随时平仓夏收的机会；九十月，天高气爽，各路投资者运作一年后都准备年底算账，股指开始回落，2007 年 10 月最典型，此时是股民及时落袋为安的最后机会；十一月到次年二月，主力及各路投资者的资金入账，刀枪回仓，股市进入冬眠态势。此时股民也应进入冬休状态，学习休整，互贺新年，来年再战。所以，股民在炒股中，要唱好"春播、夏长、秋收、冬眠"的四季歌。

五招：50 中场 5 年换届

第一个内容——50 中场：指一个很有规律的"分水岭"。喜欢足球的球迷都知道，足球中场争夺很重要，进攻者一旦快速突破中场进入前场，则形成强大的进攻威力，对方的球门可能就岌岌可危。如果守方能镇守中场不失，而且迅速反守为攻，则很可能打个反击，攻破对方城池。股市也一样，凡是遇到1000 点、1500 点、2000 点、3000 点、5000 点、6000 点……整数关口时，都是多空双方争夺激烈的地带。多方如果攻克中场整数点位，可能就会攻击下一个整数点位。如 2006 年和 2007 年，沪指攻击 2250 点成功，则下一个目标位是 3000 点。而 3000 点有效攻击并站稳后，则攻击 4000 点、6000 点，事实证明是正确的。

反之，如果空头打压股市，多头无力防御中场整数关口，则股指就会到下一个中场整数关口寻求支撑。如 2005 年跌破 1000 点后，有了支撑，就产生了2006 年到 2007 年的行情；而 2008 年沪指跌到 1664 点后，1500 点成为多空双方争夺的"中场"，之后使沪指 2009 年再上 3400 点的高峰。

第二个内容——5 年换届：指高级领导层 5 年要新老交替更新一次。2007年、2008 年、2012 年、2013 年都是高级领导层新老交替更新的重要年份，举世关注。而新的领导层确定后，要总结过去 5 年的成绩和问题，制定颁布新的施政纲领，由此对经济、对股市，都会有非常重要的政策导向作用。2013 年，新的领导层大力进行经济改革，决定建立上海自贸区等。俗话说，新官上任三把火，大概就是这个意思。

每当 5 年换届后，新的政策、新的领导层都会对股市产生新的影响，这种影响当年不会马上体现，因为新的施政措施和效果需要在次年或后年显示，之后又慢慢消退，等待下一个 5 年的换届。

事实证明也如此。例如，1992 年党的十四大召开后，1993 年 2 月沪指创新高 1558 点。之后到 1995 年再没有特大行情。另如，1997 年党的十五大召开前夕，沪指走到 1510 点，深成指创了新高 6103 点；1998 年九届全国人大开完后，新领导层的施政效果在 2000 年、2001 年显现，所以股市为此走出了特大牛市，沪指创新高 2245 点，行情再如何发展，又要等"新 5 届"施政的效果；2002 年党的十六大召开和 2003 年十届人大召开，新的领导班子开始关注股市，2004 年就制定了"国九条"，于是 2005 年股市筑底，2006 年、2007 年接党的十七大召开和奥运会召开的前夕，走出了 6124 点的大牛市行情。

因此，掌握 5 年换届影响股市的规律，是炒股的一个绝招。

个股也一样，如某只股票，20 元守不住，就一直滑到 15 元左右，跌破 15 元后，就应跌到 10 元左右；反之，如果 20 元坚挺住，就应该上升到 25 元、30 元。认识了 50 中场作用，股民要学会控制中场，就可以解决临门一脚问题。

第八大招 与中小股民互动问答板块

（读者点题 有问必答 几招点明）

特别说明：此板块应视为读者朋友和我共同出招的板块。我每天收到大量中小股民的电邮。他们提出了很多有建议性的招法，也问了一些相当有水平、有深度的问题，有些问题我这个李几招也没招回答，可见股市中高人太多，"三人行，必有我师"，我只有努力学习，才能更好地为朋友们解招。

有些朋友提出一些个股问题，如某某股票能否上升等，这些太个性的问题只能"一对一"出招，书中我回答的都是一些共性问题。我也希望大家多交流一些共性问题，有利于把握投资理念。

由于时间和版面关系，不能全部刊登和回答中小股民的问题，只能选摘部分共性问题予以简单回答。有些问题不是一两句话能马上说清楚；有些问题我在此书有关板块已经详细介绍了，就不再详细回答了。为保护个人隐私，特隐去其提问人姓名。

由于篇幅、字数限制，此板块的精彩互动问答，例如，什么情况下散户无法出局？亏损股能买吗？买＊ST股票是否会血本无归？绩优股是否有退市的风险？该不该止损？如何割肉换股？如何在股票买卖中迅速成交？碰到涨停板买不进、跌停板卖不出怎么办？宏观面你能否在关键时刻为我们报警？股市循环周期从哪天算起？如何避免踩地雷？收听、收看股评，信还是不信？如何识别黑嘴股评？为什么股评人不负责任瞎说？您为何不作个股推荐？散户如何参加股东大会？一到年底，主力机构是不是都存在资金回笼清算的问题？在炒股中，个性决定输赢吗……许多内容，只能忍痛割爱删去，股民欲了解更全面、详细的内容，可参考《炒股就这几招》（超值升级版），书中有介绍，并且还免费配送一张讲解光盘，具体垂询经济管理出版社读者服务部电话：010-68022974。

◎ 党政干部、基金人员可以炒股吗

某国务院机关局长问：我是国家机关的局长，可以炒股吗？

李几招：可以的。2000 年以前，管理层明文规定党政干部是不准炒股的。2001 年 4 月 3 日，中央办公厅发文《关于党政机关工作人员个人证券投资行为若干规定》（中办发 2001 年 10 号），明确了"党政机关工作人员个人可以买卖股票和证券投资基金"。但同时又规定了一些禁止的行为，如不准利用职权或其他不正当手段，强行买卖股票；不准利用内幕信息买卖股票；不准利用工作时间、办公设施买卖股票和证券投资基金等。

基金管理人的董事、监事、高级管理人员和其他从业人员，其本人、配偶、利害关系人，也可以炒股，但是应当事先向基金管理人申报，并不得与基金份额持有人发生利益冲突，基金管理人应当建立规定人员进行证券投资的申报、登记、审查、处置等管理制度。

◎ 炒股能否从头讲起

河南纪××等许多新股民朋友问：能否从头讲如何炒股？

李几招：《炒股就这几招》就是一本从 ABC 起步，循序渐进地讲解炒股的通俗易懂书籍，这本书非常适合新股民、老股民阅读。另外，限于篇幅和随书光盘容量的限制，不可能面面俱到地讲解炒股的全部知识，因此我还专门为新股民制作了光盘一套，股民听起来更加易懂。此外，今后每年 1 月以前，都要更新出版《炒股就这几招》，对书中的内容，要与时俱进，除旧布新，对下一年股市趋势提出我的看法，需要的朋友可到当地新华书店或出版社购买，也可与我的工作人员联系，联系方式见本书前言。

◎ 炒股需要具备什么条件，最少需要多少资金

众多朋友问：炒股需要具备什么条件，最少需要多少资金？

李几招：首先，必须具备风险意识，要有赔钱的心理准备，如果认为股市是个挣大钱的地方，是不对的，这是一个风险极大的场所，搞不好，一生积蓄全赔光；其次，应具备起码的经济知识、财会知识、操作技巧、分析能力、心理压力等，靠瞎蒙不行，努力学习是最重要的；再次，资金多少不限制，少则1000 元，多则上万元、上亿元都行；最后，一定要靠自己，任何人的话只能作参考，不能全信。

此外，见我书前面强调的"八个千万不要"原则。

◎ 买股票品种不宜多

广东梁××等朋友问：买股票品种多少为好？

李几招：中小股民最好买两三只。一来可以有精力观察其走向；二来有精力研究公司基本面；三来卖起来也快，防止手忙脚乱，损失机会。如果买的股票达十几只，甚至更多，自己给自己增加负担，而且不一定能赚钱。当然买两三只的前提是，一定要看准，然后下手时，买要快，卖要狠。不可犹豫。

◎ 一卖就涨，一买就跌，很是头痛

武汉胡××问：我刚刚接触炒股，炒股老是一卖就涨，一买就跌，很是头痛。请您指点一下，谢谢！

李几招：您还是没有研究透彻股票，这需要艰苦的磨炼，不可能立竿见影。正是，台上一分钟，台下十年功。或曰，买卖股票一分钟，研究股票十年功，您最好下大力气研究。

◎ 庄家有一大批吗

四川徐××问：庄家有一大批吗？

李几招：对，庄家是几个联合起来，这样资金实力更大。

◎ 庄家是否统一办公

天津张××等朋友问：大盘潮起潮落、齐涨齐跌，难道是那些庄家、操盘手统一在沪深两市办公，还是各自在各省统一操作？

李几招：真正上亿元的大资金不可能开一个账户，他们开上百个甚至上千个账户。当庄家认为是建仓（平仓）时机，他必然同时在他众多的账户上同时买进（卖出）股票。再加上全国许许多多大、中、小户也追涨杀跌，所以大盘经常发生齐涨齐跌状况。

这里我们也要认识庄家的特性，他是干吗来的？学雷锋吗？不是。在股市上所有的人都不是学雷锋的，都为了赚钱。因此，庄家赚钱也无可厚非，中小散民恐怕永远都斗不过庄家，因此，我始终强调20%见好就收，是比较现实的战术。

◎ 长期在底部缩量的股票有庄吗

吉林秦××等朋友问：某只股票长期在底部缩量整理，一定有庄吗，可介入吗？

李几招：分两种情况：一种是被庄家暴炒过后跌入谷底后，长期缩量整理，不死不活，这种股票大多数不会再现往日风采，如1996年的四川长虹、深发展；2000年的亿安科技、清华紫光；2007年的中国船舶等。

另一种是刚上市的新股，庄家一直在底部吸筹，表面看不死不活，实际上是庄家时刻准备爆发新一轮行情的先兆。如2012年的朗玛信息、利德曼、三诺生物等。因此，对刚上市的新股可关注一下为好。

◎ 庄家控筹多少可大幅拉升

众多读者问：庄家控筹多少可大幅拉升？

李几招：庄家至少控筹30%才可拉升。因为剩下的70%中，有10%的筹码是散户的，拉升中又有20%的筹码跟风买进，这样庄家实际控筹及间接诱导控筹达60%以上，剩下的40%庄家边拉边控，跟风者也一同参与，股价越涨越高；然后突然一天巨量放出，股价突然下跌，庄家又边跌边走，完成一轮吸货→拉升→派货→回落（吸拉派落）的过程。所以，朋友们要小心。

◎ 庄家吸筹、拉升、派货、归位的手法

湖北邓××等朋友问：庄家如何操纵股价？

李几招：庄家的资金都在十几亿元以上，为此庄家控盘股票都经过吸筹、拉升、派货、归位的手法。如某只股票，股价一直不瘟不火，这是庄家吸筹阶段；之后，庄家利用控制的筹码，开始拉升阶段；拉升阶段后，马上要进入派货阶段，其特点是主力开始强攻，给人以轰轰烈烈的感觉，股民也难以抑制买进的冲动，而庄家在高位慢慢派货，中间虽有反弹，但每次反弹都是庄家在派货；派货阶段结束后，庄家采取震荡出货法，股价慢慢回落，主力顺利完成了吸、拉、派、归的全过程。更具体的分析见有关章节。

◎ 如何判断庄家是否出局和进局

山东游××等朋友问：如何判断庄家是否出局和进局？

李几招：判断庄家出局的一般标准，一是在顶部成交量是否放大；二是题

材是否用尽；三是是否有利空消息。

例如，2000 年 8 月 21 日郑百文（600898）停牌，到 2001 年 1 月 3 日复牌。由于公司资产重组达成原则协议，主力立即利用题材连续拉 9 个升涨，股价从 2000 年 8 月 21 日的 6.73 元一直上升到 2001 年 1 月 15 日的最高价 10.44 元。在前 3 个涨停中，成交量每日大体在 8000 手，而后成交量放大到每日二十几万手，涨停也被打开过，说明主力有出货迹象。2001 年 1 月 15 日，主力拉到 10.44 元涨停位后，全线甩出筹码，将股价砸到 9.44 元跌停，成交量放到自 1999 年以来的天量，共 259080 手，这个顶部巨大的放量，显示主力已大部分出局。

然后，庄家利用郑百文资产重组利好出尽及退市传闻，主力大举出货，不惜一切连砸 12 个跌停，到 2 月 19 日，股价已跌 5.63 元。庄家已首次出局。

最后，利用郑百文重组可能失败的消息，趁机大举做空，在 6 元以下区域反复震荡清除筹码，此时出局的庄家卷土重来的可能性较大，因为股价已很低，再加上"利空出尽就是利多"，庄家在郑百文 2001 年 3 月 2 日股权登记日全线出击，以 5.48 元封住涨停，庄家进局再次拼搏。

还有就是 2013 年的上海自贸区板块，也是庄家利用自贸区政策建仓、平仓的典型案例。

◎ 换手率超过 70% 是否为主力控盘

河南李××等朋友问：上市首日的新股如果换手率超过 70%，是否为主力控盘？

李几招：主力控盘的可能性极大，但绝不是说 70% 的换手筹码都在主力手中，因为 70% 中毕竟有成千上万的中小户，甚至大户。因此，主力要达到真正控盘还需要时间吸筹，否则主力不可能马上拉升股票。

◎ 庄家成本可否参考

江西纪××等朋友问：有些网站或证券报刊列出"庄家成本"，他们是如何计算的？有无参考价值？

李几招：谁是庄家，不可能让任何人知道，既然连庄家都不知道，他如何坐庄，成本多少，外人又怎么知道呢？再说，庄家坐庄和坐庄的成本，不可能公开，因此，这种计算是理论上的估算，参考价值不大，不能绝对相信。

◎ 如何掌握股东人数变化和庄家控盘

河南王××等朋友问：用何种方式能掌握股东人数的变化，特别是庄家的动向？

李几招：目前作为一个普通的股民是无法掌握股东人数变化的，此信息只能由沪深交易所提供，但这个信息属于高度绝密，不可以对外公布。从上市公司年报中可以知道前十名大股东的情况和每年的变化，仅供参考而已。至于庄家控盘和动向，更不可能让外人知道，都知道了，庄家也就不称其为庄家了。我们只能通过刻苦学习、揣摩、分析庄家的诡秘行踪（还不一定分析得准），争取战胜庄家。

◎ 股评人是否和庄家勾结

浙江陈××等朋友问：外传庄家和股评人勾结，糊弄散户，有没有这样的黑幕，有没有来拉您下水的？

李几招：首先我声明，的确有庄家找我让我说某某股好，或是不好。但我都坚决拒绝了。我觉得赚黑心钱迟早会遭报应，即"善有善报，恶有恶报，不是不报，时机未到"，这是千真万确的，我认识的几个股评人，就因为黑嘴锒铛入狱了。钱，谁都喜欢，这是事实，我也一样非常喜欢钱。但"君子爱财，取之有道"，昧良心赚黑钱是天理不容的。因此，我没有下水，而且永远不会下水，欢迎公众监督。

至于股评人勾结庄家、坑害中小散户之事，我认为大多数股评人是正直的、敬业的，可能有说错话的时候（包括本人经常说错），这里的原因是多方面的，如太年轻、缺乏社会阅历和股市的实战、仅靠考试获资格证书等。这些随着时间的推移，他们会成熟。但不可否认，少数股评人有勾结庄家的行为，为其大吹特吹，从中挣大把的黑钱。对这样的股评家您不要去听、看、读他的股评，躲开就是了。同时也要告诫周围的人，特别是新股民提高警惕。

◎ 看清庄家关系网

湖南陈××对庄家的关系网有独特看法，现摘录如下：

关系网之一：上市公司年报、中报、*ST、涨跌停等被庄家利用，成为进货、出货的工具而已。

关系网之二：扩容速度、节奏配合庄家需要。

关系网之三：上市公司配合庄家发布、制造题材、信息，诱导散民上当。

关系网之四：股评人士帮庄家以您意想不到的方式宣传、鼓吹。

关系网之五：个别电视台等媒体提供讲坛，参与宣传。

关系网之六：券商配合庄家，使散民们一年到头为券商打工。

以上言论有一定道理，但我们面对这些是无能为力的，只有自己保护自己。

◎ 选股的经验之招是什么

众多股民问：选股的经验之招是什么？

李几招：

（1）一定要在长期盘整中找被人冷落多年的股票。

（2）一定要找有题材、有热点的股票。

（3）一定要找流通盘8000万以下的中小盘股。

（4）一定要找有收购题材的股票。

（5）一定要找业绩有潜力增长的股票。

（6）一定要找股本有高扩张（送转可能）能力的股票。

（7）一定要找真正核实到准确消息的扭亏为盈的股票。

（8）一定要找刚刚启动热点的股票。

（9）一定要找庄家无法出局的股票。

上述招法，说易做难，要在众多股票中选出好股票，赚到钱，就必须"委曲"自己，挑灯夜战，下苦功夫，一定能找到牛股。

◎ 散户如何选择风险小、收益高的股票

福建读者李××问：散户如何选择风险小、收益高的股票？

李几招：不仅散户愿意选择风险小、收益高的股票，而是所有入市的人都喜欢选择这样的股票。既然如此，在股市中就很难真正选择出类似的股票，因为一旦发现这只股票风险小、收益高，众人会一拥而上，股价猛涨，收益顿时被众人瓜分，风险加大。一只好股票反而被"买盘"惯坏了，如贵州茅台股价就被炒得如此高。

但一般选股原则：

（1）有增长潜力。

（2）不被人看好。

（3）股价长期低迷。

（4）有题材支撑。

（5）主力进场。

众多股票中，肯定有这种股票。仔细挑选，不动声色。您就有了机会。但切记，当众人开始发现这只股票，股价暴涨时，您必须走人；否则，您白费精力了。

◎ 依据什么标准选股

浙江郭××等朋友问：股票指标很多，如市盈率、净资产收益率、每股收益等，到底依据什么标准选股？

李几招：综合标准来选股，单一指标不可取。所以，您在选股时，首先看当时国家大形势如何；其次看上市公司前景如何，有的公司业务前景堪忧，发展空间不大，而新兴产业有较大的发展空间，因此选前景好的公司；再看看股价是在高位还是低位，在高位最好不买；最后要看看这只股票历史上被暴炒过没有，已炒过了就不碰了，如四川长虹1997年暴炒过，到现在也没有风光的行情了。不过选股有一点也是不可回避的，即运气，炒股有运气，这是无法解释的，但运气大体占10%左右，主要还是靠自己的分析、判断去选股。

◎ 判断股票价格低估值

四川邹××等朋友问：怎样判断一只股票价格被低估？

李几招：理论上讲，股价应大体与公司的每股净资产匹配，因为公司的每股净资产是股东实实在在的权益。如果公司股票价格低于公司每股净资产，则表明股价低估了价值，如宝钢股份2012年的每股净资产是6.47元，但是2013年其股价平均在4元左右。不过在现阶段，很多股票炒作后，价格都大大超过公司每股净资产，如梅花伞，2012年每股净资产2.82元，但是2013年的股价平均暴炒到30元左右。有的亏损股，如*ST太光，其每股净资产是亏损1.52元，但是股价却暴炒到30元以上。

◎ 个股怎样把握波段行情

四川胡××问：如果大盘是波段行情，个股怎样把握波段行情？

李几招：我认为大盘与个股是紧密相关的。那种认为"只重个股，不看大盘"是片面的。因为大盘是代表了全部个股的走势，大盘不好，说明90%

的个股走势都不好，剩下的 10% 谁都没有把握买进就涨。因此，如果大盘不好，您手中的个股如果也跟跌，则迅速出局为上策。如果您手中个股逆市上扬，那是您的福气，不过也要迅速化为口袋中的钱才算真正的福气。反之，如果大盘好，您手中持有的个股心里就踏实，即使是亏损都不怕。因此，只要大盘是波段上升，您耐心等待个股的上升；一旦大盘波段方向向下变化，您也别想您手中个股是否会有"逆市"波段行情了。

◎ 如何买一只长线股票

河北王××问：我现在很想买一只长线股票，不知买哪个？

李几招：业绩优良的股票可以适当长期投资，但是目前中国上市公司业绩长期优良的不多，您最好做波段行情。

◎ 新股民如何择股

江西黄××等朋友问：现在有许多新股民，如何择股？

李几招：第一，先买 100 股试试手气，找找感觉，不可下大单买进；第二，模拟选股试试；第三，认真学习公司基本面，分析股价走势；第四，找价位偏低的股票小试身手，一旦失误，也不会深套；第五，一定不要轻信股评家和小道消息。

◎ 牛股、反弹不是底、未来股市主旋律

罗辉军朋友问：为什么那些冷门股有可能成为大牛股，除了庄家比较容易吸筹、拉高外，是否还有其他的原因？"反弹不是底，是底不反弹"的理论是否也适用于个股？未来股市的操作理念会有什么变化，以什么为主旋律，是否也会像以前的股市一涨全涨，要不要把全球有可能发生的经济（金融）危机等风险意识一并放置股市来做投资决策？

李几招：冷门股关键在于冷，例如，2013 年的自贸区板块，2013 年 7 月之前，没有人关注，甚至 7 月初管理层已经有政策端倪了，还是没有人注意，这就是许多人对政策不敏感所致。

"反弹不是底，是底不反弹"的理论当然适用于个股。

中国股市体制不改变，未来股市的操作理念就不会有什么变化，主旋律还是像以前的股市一样，一涨全涨，一跌全跌。当然需要把全球有可能发生的经济（金融）危机等风险意识一并放置股市来做投资决策了。

◎ 买卖盘手数是否有假

四川徐××问：买卖盘手数是否有假？

李几招：肯定有假。这个假不是有意欺骗人的假，而是众人斗智的假，即您我互相玩招。因为炒股是商业秘密，把秘密告诉他人，就不能赚到钱。如同下棋，下一步怎么走，不会告诉对方，有时还佯装进攻。所以股市也一样，应正确看待这种假。

例如，买盘 2000 手封涨停，是不是真有那么多人想买？不一定。制造假象让跟风盘一同挂买单，然后冷不防一笔 3000 万元大单卖出，给您了。接下来连续下跌，让您根本无法逃跑。ST 股票最典型，连续封涨停，然后连续砸跌停，让您跑不了，当您可以在底部跑时，ST 又连拉涨停。这就是招儿！所以，大买卖单介入时，要小心。

◎ 10 元以下……24 元以上，哪个价位收益高

河北高××问：10 元以下，10~18 元，18~24 元，24 元以上，哪个价位收益高？

李几招：从历年十大牛股看，价位在 10 元以下机会多，高价位的股票比较危险。

◎ 当股票盘整很久，一旦放量可介入吗

广东李××问：当股票盘整很久，一旦放量可介入吗？

李几招：可以，但盘整很久的时间概念起码要在 6 个月以上，因为这么久的盘整，放量不是小反弹，及时介入方能获利。

◎ 如何判断震仓

浙江戚××等朋友问：庄家的震仓如何识别？

李几招：通常震仓是发生在股价刚刚启动不久，庄家为在低位多吸取筹码或在中途拉升中减少阻力，就采用强烈震荡态势来清洗浮筹，更好地控盘，以便腾出更大上升的空间。因此，一只股票长期在低位不动时，该股票历史上又没有被暴炒过，如果该股出现放量启动时不久又下跌时，千万不能让庄家给震仓下马。应坚持住，等待最后的胜利。

◎ 如何介入振幅大的股票

山东王××问：如何介入振幅大的股票？

李几招：如果是做短线的朋友，应介入振幅大的股票，对那些不死不活的股票则以长线为主。

（1）振幅大，指股价近几日震荡幅度在 10%~20%。

（2）振幅一般发生在新股上市的几天内，可适当介入。

（3）选活跃性强的股票惨跌时介入。振幅大的股票涨得快，跌得也快，也容易套住。对此要充分做好思想准备。

◎ 大盘是谁操纵的

四川徐××问：大盘是谁操纵的？

李几招：庄家，主力利用大盘股拉升盘体后，散户跟风盘和惯性将股指再上冲一个台阶。具体到哪个庄家操纵，不得而知，也没必要知道。今后遇到大盘暴涨情况，我们散民的招儿是，逢高坚决出货。

◎ 如何判断大盘盘整中的小反弹

河北闫×问：如何判断大盘盘整中的小反弹？

李几招：关键是看大盘盘整的时间有多长，如仅有 2~3 个月，中间突然上升，则视为小反弹。从中国股市多年发展观察，绝大部分时间大盘是在盘整，因此，盘整期有 6 个月以上才可以认为结束。其他情况应视为反弹，应该做短线，或止损出局。

◎ 如何判断大盘高低点

众多股民问：如何判断大盘高低点？

李几招：大盘的高低点谁也不可能准确判断，其误差能在 10% 左右就算是成功。一般最简单的判别方法是上升中接近 20%~50%，则差不多快到高点了；而下跌也是如此。特别大的牛市除外，如 1999 年 5 月到 2001 年 6 月、2005 年 6 月到 2007 年 10 月。要强调的是，您不可能抄到（卖到）最佳底部（顶部），能在接近底部（顶部）时进货（出货）即可。

◎ 成交量在顶部放量出货法及如何最终逃顶

众多股民问：成交量在顶部放量出货法及如何最终逃顶？

李几招：我始终认为炒股一定不要有最终逃顶的想法和行为，任何人也做不到（偶尔碰到也是蒙的）逃顶。我们能在半途中逃掉就很幸运了，当股价越来越高，人气日益旺盛，成交量也天量式地放大，您必须要小心，这时您注意当成交量越大时，股价上升力度是否减弱，一旦减弱苗头出现，应该迅速逃跑（不是逃顶）。例如，2007年10月行情的最后冲刺中，成交量很大，但价上升的力度减弱，再不逃跑，还想着逃顶，其结果必然挂在顶上套住。所以与其说最终逃顶，不如半路逃跑，更为安全。

◎ 根据成交量炒作波段

山东栾××等朋友问：成交量变化应如何炒作？

李几招：成交量逐步放大时，应及时跟进建仓。例如，常山股份（000158），某年8月16日上市成交量为23662手，股价收盘以小阳11.58元收市。之后，到第6天，成交量再放大到190359手，股价突破12元。到8月28日，股价已升到最高价13.24元。然后主力放货出局，到10月初，成交量已缩减到7000手左右，股价跌到11元附近，股民应抓住成交量波段变化赶紧逃跑，避免损失。

◎ 如何看突然成交上万手这种情况

广西郑××问：电脑显示某股票卖出一、二、三、四、五均只有几十手，卖出价10元左右。但在几分钟内，该股突然成交上万手，如何看这种情况？

李几招：显然是有庄家进场清扫卖单，拉升股价。如果一笔大资金入场，肯定会有跟风盘，这样买卖成交就会放大。此外，电脑显示的情况，实际在10元±10%的幅度内，还有挂单，如果庄家进场，他会统统吃掉卖单上的价位筹码。还有，庄家自己也进行对敲，造成成交量放大。

对这种情况操作上应把握以下原则：

（1）长期横盘中突然有几万手放量上攻，可迅速跟进。

（2）第二天如果继续强攻或高位整理，可观察不动。

（3）第二天如果下跌，必须立即卖出。

（4）分析一下该股是否有消息题材支撑，如市场已传很久的老消息，则

卖出；如刚刚得到新消息，股价刚启动，可持有几天。

（5）突然放量上万手，肯定是庄家所为，可以大胆跟进。但要及时平仓，保住果实。如2013年的上海自贸区板块就是典型。

◎ 如何做好波段操作

众多股民问：如何做好波段操作？

李几招：每年的波段行情有1次、2次也有可能，在波段行情中，要注意：

（1）每一年只能操作2次，不能再操作第3次，否则很可能前功尽弃。

（2）第1次操作中，采用全仓杀进、全仓杀出法。

（3）第1次操作中，可持股时间稍长，争取到达次高点出货。第2次操作中，持股时间稍短些，时刻准备出仓，保住全年胜利果实。如果第2次操作失误轻微套住，在大市下跌时，必须割肉出局，争取两次加起来是2：1胜，小赔大赚。

（4）第1次全仓买进时主要考虑时间，通常在1~3月年报公布中间寻找业绩好、价位低的股票。而卖出时主要考虑点位和成交量，在接近去年最高点时或是成交量放大到去年水平时（应考虑一定的浮动，不宜机械计算），坚决全仓出局。第2次买入则主要考虑点位，当跌至20%时，可再全仓杀进，赚1%~3%时，迅速全仓杀出。

股史证明，2006年至2007年的大牛市，也是以波段上升展开行情的，不是一蹴而就的，上升是由"2000点、3000点、5000点、6000点"波段、分2年完成的；而2008年的熊市，也是以波段下跌结束行情的，不是一夜完成的，下跌是由"6000点、5000点、3000点、2000点、1800点、1600点"波段、1年完成的，然后盘整到2013年。如果您不进行波段操作，而傻傻持股，就会陷入波段的套牢或者踏空，因此要跟上波段的节奏。

◎ 一月行情预言可信吗

河南高×等朋友问：市场流行"一月预言"，即一月大盘走阳，全年走阳；反之相反，此话可信吗？

李几招：以沪指为例，1991~2013年，1月行情收阳线或收阴线，全年行情也同步收阳线或收阴线的共有17次；1996年、1999年、2004年的1月行情和当年行情不同步，看来，此"一月预言"可做参考。

不过这个"一月预言"存在不确定性，1月的行情不能代表全年的行情，可以确认的是，每年1月的行情不可能是顶部行情。因此，1月建仓一般讲比较保险，之后在上升波段行情中平仓，落袋为安即可。

◎ 短线操作基本要领有哪些

江苏冯×问：短线操作基本要领有哪些？

李几招：我不赞成短线炒股，那些所谓的短线高手是骗人的。如果非要短线炒股，您必须：

（1）必须有不怕赔的心理准备，因为短线操作风险最大，怕赔者不宜短线操作。

（2）操作时间不超过3天，如果3天到了仍没有获利，应卖出。

（3）借题材快进快出，一旦媒体公布利好消息，迅速高价跟进打短差。

（4）一旦发现暴跌中的股票有反弹迹象时，可立即跟进，第2天赶紧出货。

（5）打短线就不能因为买了就跌或卖了就涨而后悔。记住，您是打短线的。

◎ 如何进行中线操作

众多股民问：如何进行中线操作？

李几招：中线时间一般定在6~8个月。其招法是：

（1）年初到"两会"期间，要学习国家经济政策，分析宏观面将在本年对哪些行业有支持，从而寻找有潜力的板块。

（2）看准机会在1~3月全仓杀进，在5~7月，如果已有20%获利或在此期间曾获利更高，应考虑全仓杀出。

（3）一旦建仓，不必为暂时下跌而震仓出局，因为您做的是中线，允许有暂时的损失。

（4）中线操作买入前必须有信心，买入后有耐心，"可去旅游度假"，静等收获。卖出时，要快、准、狠，即有决心、有"狠心"，动作要快。

◎ 什么是支撑位、阻力位、破位？如何计算

湖北黄石赵××问：什么是支撑位、阻力位、破位？如何计算？

李几招：以中国船舶为例，当涨到快300元时，阻力很大，可能难以再升，那么290元为上升阻力位；该股后来暴跌，下降到16元左右后获得买盘支撑，如果不会再降或相当长时间盘整，则16元是支撑位；如果16元附近盘

整或公认的 16 元不会跌穿，结果股价突然一天跌穿 16 元，则为破位下行；如在 100 元附近上穿成功，则为破位上行。

具体如何计算，有各种方法，有的人根据股票历史最高价、最低价计算。例如，四川长虹 1995～1998 年，最高价近 70 元，最低价近 6 元。这可以认为是阻力位和支撑位。是破位下行，还是破位上行，要看该公司业绩及市场人气。此外，还可以根据黄金率计算个股的支撑位、阻力位。

◎ 如何分析、判断压力线、支撑线、轨道线、颈线的形态变化

深圳郭××等朋友问：如何分析、判断压力线、支撑线、轨道线、颈线的形态变化？

李几招：首先必须说明，股市中的各种形态线只是一种理论上的判断，这种判断是根据经验和原理得出的结论。在实战中根据走势证明，有些比较准确，有些失败了。这点要有一个正确的认识，任何事情"哪有百分之百正确"（邓小平语）。

压力线：通常指股价上升时到达一定高点后压力就越来越大，尤其是一些老股，其前期的高点（至少 3 个）是巨大的压力区，判断压力线的主要位置，参考前期的高点，如中国船舶，200 元、300 元高价，构成了极强的压力点。如没有特大利好，很难冲过去。如果某股价由 10～11 元构成了一个压力线，该压力线一旦冲过去，其股价上升有较大空间。

支撑线：通常指股价跌到某一区位后就有较强支撑，再跌破位的可能性也较小。如某股票支撑位在 2 元左右，一般就不会破位下行；如果碰到重大利空，该股破位下行了，股民必须立即斩仓出局。

轨道线：指由压力线、支撑线构成的上下边界的轨道。利好时，股价沿轨道线上升，碰到上轨可能遇阻，或冲破或回落；碰到下轨，或支撑或破位。这要视当时情况分析，没有固定模式。但在大利好时，股价会直冲上轨而上；大利空时，股价会直破下轨而下。炒作中要灵活处理。

◎ 如何从 K 线图上分析个股在不同价位上筹码分布的情况

四川刘××读者问：如何从 K 线图上分析个股在不同价位上筹码分布的情况？

李几招：了解股票筹码的具体情况是很难的，因为 K 线图毕竟是一张图，而且是公众皆知的一张图（无秘密可言），所以，筹码真正掌握在谁的手中，是无法知道的。但有一点可以肯定，从 K 线图及成交情况可大体分析股价在

此的成交筹码密集状况及今后走势。

◎ 技术指标根本没用吗

众多朋友问：技术指标根本没用，容易被庄家利用，我们也容易受骗，对吗？

李几招：技术指标有一定参考作用，但不是万能的。有时还管点用。比如，在顶部时，如果成交量指标 VR 没劲了，OBV 也淡化了，可能庄家要出货了，需要警惕。但是庄家会利用指标骗人也是千真万确的，如烟台万华（600309）除权后也放出与除权前 700 万股的成交量，"显示"涨权的气势，这就是骗人了。因为一复权，该股已在 80 元的顶部了，而且是一根放量大阴线，可见庄家骗线，在掩护自己出货，所以对技术指标还是留个心眼为好。

◎ 靠技术指标能赚钱吗

辽宁贾××问：靠技术指标能赚钱吗？

李几招：不能。技术指标只能是参考，绝不是万能的。现在各种软件发明了各种指标，您也别太信，如果真能赚大钱，这些软件为什么几百元就卖给您？他留着自己赚几千万元好不好？再说，有些技术指标可能不错，但一公开就无任何价值了。大家知道 MACD 上升金叉买进，那很可能就被主力控制的骗线法给套住了。此外，中国股市升跌中不确定因素太多，技术指标根本无法显示，谁想到湖北兴化突然亏损了？谁想到 2008 年股市会暴跌？这些技术指标都无法显示，所以，参考技术指标，可能——赚到钱；但光靠技术指标，很可能——赔钱。

◎ 技术指标应优先考虑哪一种

郑州伍×问：技术指标应优先考虑哪一种？

李几招：看股票趋势参考 MACD；看成交量参考 VR 指标；看人气参考 OBV 指标；打短线参考 KDJ 指标；看强弱参考 RSI 指标。总之，每个指标功能不一样。至于优先考虑哪一种指标，我认为，MACD、RSI、VR 指标是应该参考的。在此基础上，CR、KDJ 是很重要的。

◎ 技术指标参数如何确定

湖南邓××问：技术指标参数如何确定？

李几招：每一个技术指标都有其特定内涵，定参数时要符合它的计算原

理，也可根据个人情况及市场当时情况适当增减天数。如 MACD，一般定 12 天、26 天为好，稍微加减几天也没关系。但设在 3 天、5 天就不符合指标原理，参考意义不大了。一般讲，K 线平均线设 5 日、10 日、30 日；成交量平均线设 5 日、10 日；MACD 设快速线 12、慢速线 26；RSI 设 6 日、12 日；DMI 设 10 日；VR 设 10 日；BOLL 设 10 日；SAR 设 4 日；BRAR 设 26 日；CR 设 26 日。

有朋友问：您书中说的技术指标的参数和我炒股软件使用的参数不一样，要不要调整呢？

这要看你的操作风格了，没有统一的技术指标参数，我书上讲的是一般人习惯使用的参数。

◎ 技术指标何时失灵

桂林卢×问：技术指标何时失灵？

李几招：如果股市比较平稳，上升下降也很温和，或经过一段暴涨暴跌后趋于平静，这时技术指标还是有重要参考价值的。但如果有重大利好、重大利空、重大突发事件，股市就会发生突变，技术指标的正常形态就发生突变，这是技术指标失灵的重要原因，此时参考技术指标意义不大。如 1999 年"5·19"行情突然爆发，技术指标就暂进失灵。

◎ 技术指标全涨时可否买股票

山西张××、北京王×等问：当 5 日、10 日、30 日均线上升，MACD、RSI、KDJ 也上升，是否可以买股票？

李几招：一般而言，当股票价格跌到一定程度并盘整 6 个月左右，此时技术指标开始有上行动作时，即可以买入；如果股票在高位盘整，然后再向上拉升，技术指标也开始上升，此时最好不要再追，高处不胜寒。

技术指标一旦发生背离，在底部低价位时可买入；在高位时不但不买，还应卖出。例如，广州浪奇（000523），某年 5 月开始，几乎所有的指标都上升，此时股价在 7 元左右低位，买入正逢时机。但在拉升中，中间发生过背离，又如，6 月 8 日，RSI 进入 89.40% 高位区，KDJ 值处于下降，但 MACD 未破位下行，股价才升到 8.36 元左右，因此底部发生背离可不必担心，继续持股。到 10 月，MACD 处于平滑阶段，RSI 处于 40% 左右，KDJ 震荡加剧并下滑，股价此时大体在 11.60 元，此时应择机卖出，不应再买入。到 11 月，几项指标全都处于下降通道，股价已升到 12.50 元左右，主力出货的可能性加大，此时必须逃走。到次年 2 月 23 日，最低价为 8.96 元。

◎ 哪几个技术指标最好使

广西陈×问：我从您的书上看到的常用技术指标有那么多，您能告诉我哪几个技术指标最好使吗？谢谢赐教！

李几招：每个指标各有其优缺点，您最好根据自己的偏好选择某个指标参考。注意，技术指标仅仅是参考，不能完全相信或依赖它。

◎ 仅看几个指标行吗

湖北熊××等朋友问：只看上市公司每股收益、净资产收益率、每股净资产和股价中的 MACD 等指标就可以吗？

李几招：当然不行。如果有精力、有能力，还是多看一些其他指标，如每股现金流量、VR、CR 指标，多看看总没有坏处吧。虽然这几个指标，也能满足一般人的需要，但凭此炒股就欠妥了，要炒股，还必须结合国际、国内、行业、上市公司基本面以及市场技术面，甚至有时还要对庄家心理、散户心理、管理层心理作分析，知己知彼，百战百胜，这样才能有效保证炒股 70% 的胜算把握。

◎ 日线是顶，周线是底，如何操作

新疆顾××朋友问：有些股票日线是顶而周线是底，如何操作？

李几招：日线是顶而周线是底，如果要搏短期收益，可以适当建仓，不行就赶紧平仓。我认为，最好再观察，如果月线见底，半年线见底后，建仓就保险了。

◎ 为何赚了指数赔了钱

众多朋友问：为什么股民普遍感到赚了指数赔了钱？

李几招：大盘上升，您的股票不涨，关键是您选择的股票有误，热点没追上，或追上热点被震仓出局后又追回去，结果成本提高，出现了亏损。今后在操作中，一是要跟热点；二是在牛市中，不要被震仓出局，就一定能又赚指数又赚钱。

◎ 外盘大于内盘的买入时机

福建刘××等朋友来信批评我，说正是看了我写的"外盘大于内盘"可以买入的观点，2007年10月买进了某只股票，损失惨重，并批评我是"什么东西"。

李几招：首先我表示歉意，任何过激语言我都能理解。至于您赔钱，很可能还有其他原因。对外盘大于内盘买入的招法，从一般理论上讲是行得通的，因为买的人多，股价才会涨，况且是主动性买盘，但有一点很重要，即如果股价在高位，各种技术指标已钝化，如他说的这个股票，2007年10月，MACD已钝化，BOLL已收口，BR上升无力，股价在80元高位，此时虽然外盘大，说明进场接棒的人多，主力已经在加快派货。因此，就不能简单用"外盘大于内盘"的方法买进股票了。对此要吸取的教训是，不管"外盘大于内盘"多少，要多观察其他指标，坚决不买高位的股票。

◎ 计算时间为1秒还是1分钟

林××问：在分时图和成交明细表中，是按1分钟计算的，据说计算时间间隔也有1秒的，国际上的规定究竟是按哪种方法计算？

李几招：一般就是按1分钟计算，按1秒计算肯定更精确，不过我们股民炒股不是发射神舟飞船，需要那么精确，就是精确到毫秒，炒股没有掌握好方法，该赔也得赔。所以精确计算时间不重要，1分钟比较合理，炒股成功还是要靠自身努力。

◎ 委比分析要灵活处理

四川李××等朋友问：委比值较大时，是否决定买入？有的分析讲委买大不一定是好事，因为是未成交的买盘大，表明买方保守，不是主动买盘。

李几招：从理论上讲，委比大当然是买盘多，只有买盘多，股价才上涨。比如，经常看到的涨停即是，大量的买盘将股价推到10%。2001年2月28日至3月2日B股连涨3天，达到10%，都是大量买盘造成的。

当然，从具体实践而言：第一，等待性买盘虽不如主动性买盘更直接推动股价上升，但它既然有等待的耐心，说明买盘看好前景，争取在低位多吸筹，减少推动成本。

第二，委比大有时相对卖盘小而定，并不是真正对上升有特大的信心。例如，2000年2月，亿安科技（000008）冲击100元时，买盘并不大，有时只有 50 手，但卖盘更少，仅有 10 手，此时委比值为（50−10）÷（50+10）＝66.67%。这 66.67%不能说明有大量买盘，而只能说明有少量卖盘造成委比值大。而每日的基金委比值有时虽然少，但由于买卖盘基本平衡，如有的基金委买数达上万手，而委卖数也基本达上万手，造成比值不很大。因此，现场观察委比值时，要结合观察绝对值和相对值。

第三，股价时刻在变化，委买和委卖也不断变化，所以在交易时间内，一会儿是买盘多，一会儿是卖盘多，这需要临场分析。

最重要的是，股价在底部长期横盘不动，突然几天委比值放大，可追进；如果股价已经很高，如亿安科技已到 100 元，委比值再大，甚至涨停（亿安科技2000 年 2 月 16 日首次出现了涨停，以 114.83 元封死；2 月 17 日，再以 126.31元封停。此时清华紫光以 106.57 元涨停），也不能追了，就是因为股价太高了。

◎ 是否跟踪所有中小盘股

新疆杨××等朋友问：我把所有中小盘股都跟踪，自画每日 K 线图，一旦有哪只股票庄家拉升就跟进。短线我用 CDP 指标结合 K 线组合买卖，这种方法可行吗？

李几招：如果有精力并配有先进的电脑软件，跟踪所有的中小盘股当然最好，但如果是自画 K 线，只能跟踪五六只。太多了也顾不上，精力有限。最好重点跟踪几只股票。

如果庄家拉升就跟进肯定对，关键是您要判断出是真拉，还是假拉。用CDP 做短线虽然可以，但最好要结合大盘及其他经济指标、技术指标。例如，2006~2007 年的牛市行情，您用 CDP 做短线岂不吃亏？

◎ 股票在高位谁买：傻大胆的人

深圳刘××等朋友问：许多股票到高位后，如果没人买，那岂不卖不出去了？

李几招：股价虽然很高，但总有人会认为它还会再涨，因此会有傻大胆的人在高位买。再加上有的股评人大吹特吹"××股可能涨到 500 元"或列一大堆可涨到 300 元以上的股票，让您怦然心动，热血沸腾，最后"一刷卡成千古恨"，高位的股票惨套一批人。

如果真没人买，那就卖不出去，如中国船舶涨到 298 元，您填卖单 300元，没人买，您当然卖不出去了。问题是总有人认为还会上升，所以就有傻大胆的人在 300 元还买进。

附 件

附件1 中国证监会等管理层联系方式

中国证监会网址：http：//www. csrc. gov. cn（在各大网站还有证监会的官方微博）

中国证监会投诉电子信箱：csrctousu@ csrc. gov. cn

中国证监会主席热线：（010）88061700（主席热线）

（010）88061710（投诉）

信访：66210166，66210182

中国证券业协会电话：（010）66575825

中国证券登记结算公司电话：北京（010）58598888

上海（021）68870587

深圳（0755）25938000

上网查询股民个人股票持有信息：http：//www. chinaclear. com. cn（可查询持股情况，新股中签等）

深圳证券交易所网址：http：//www. szse. cn

上海证券交易所网址：http：//www. sse. org. cn

上海证券交易所公众咨询热线：4008888400

深交所监管部电话：（0755）25918134；（0755）25918097

深交所投资者服务中心电话：（0755）82083225；（0755）82083226

深交所举报信箱：jbxx@ szse. cn

股民维权热线电话：（021）58391111 转 2414

（0755）83276615；96000315

股民维权电子邮件：wq315@ cnstock. com

新股中签查询电话：（沪）（021）16883006；（深）（0755）82288800

中国证监会、沪深两所的微博、微信可直接在网站搜索。

注：以上联系方式如有变化，请读者以媒体公布的新联系方式为准，本书不另行通知。但会在下一本新书中予以更新。

附件 2 沪深股市收费表

品种	收费项目	收费标准（按成交金额）
A 股	印花税	买入股票不征收，卖出股票征收 1‰
	佣金	每个营业部不同，1‰到 0.2‰之间浮动
	过户费	沪市 1‰，起点 1 元，深市无
B 股	印花税	同 A 股
	佣金	同 A 股
	结算费	沪市 0.5‰；深市 0.5‰，最高不超过 500 港元
	交易规费	深市 0.341‰，沪市无
债券	佣金	2‰，起点 5 元
投资基金	佣金	浮动
可转换债券	佣金	2‰，起点 5 元

附件3　李几招友情交流方式

1. 宗旨：彼此交流炒股的经验，倡导投资理念，互授新型投资知识和吸取教训。

2. 交流方式：通过电子邮件、QQ等，不回复纸介信。由于我的工作很忙，回复很慢，谢绝来访，请见谅。

3. 交流办法：将本书登记表用电邮发来，我将编号、存档，永久保存。参与交流起点时间无限制，可随时参加。

4. 凡购买正版书者，我将电邮回信。

5. 登记须知：登记表用文字写好，发电邮即可，不用麻烦制成表格。您的联络方式如有变动，请及时告知。我的联系方式：炒股就这几招邮箱：cgjzjz@163.com。

李几招友情交流登记表

姓名		邮编	
永久详细通信地址 （家庭或单位）			
电　话 （含区号、手机）			
电子邮箱			

以上项目必须填写

以下项目填写自便

性别		出生年月		文化程度	
职业		炒股年限		入市资金	

炒股赚赔情况（可另纸写）

您炒股有什么高招（可另纸写，我将转选发表于下一本书中）

对本人、本书建议（可另纸写）

填表日期：　　　　　　　　　　　　　　　　　签名：

　　填好此表（不用麻烦制成表格，用文本文字逐项填写项目即可），请发送至电子邮箱 cgjzjz@163.com；为防止病毒传播，该表不要用附件发送。